二手房销售从新手到高手

朱 燕 编著

清华大学出版社
北京

内 容 简 介

本书包括 15 章内容，168 个案例，从两条线对二手房的销售成交进行了详细的讲解。一是技能线：从案例先学、快速入门、自我提升、开发房源、开发客源、店面接待、高效沟通、心理分析、做好带看、应对砍价、促成签单、获得佣金、签订合同、管理客户和处理投诉等方面，帮助读者从入门到精通二手房销售技巧。二是案例线：介绍的每个销售技巧都配备了对应的实战案例，读者从这些案例中能感受到房产经纪人具体操作的步骤，学习案例后，读者能够快速进入角色，学以致用。

本书图文并茂，讲解深入浅出，实战性强，适合二手房中介从业人员、管理者、培训师使用，也可作为高校相关专业师生的辅导和参考用书。

本书封面贴有清华大学出版社防伪标签，无标签者不得销售。

版权所有，侵权必究。举报：010-62782989，beiqinquan@tup.tsinghua.edu.cn。

图书在版编目(CIP)数据

二手房销售从新手到高手 / 朱燕编著. -- 北京：清华大学出版社，2025.1.

ISBN 978-7-302-68086-4

Ⅰ. F293.352

中国国家版本馆 CIP 数据核字第 2025LZ9069 号

责任编辑：张　瑜
装帧设计：李　坤
责任校对：周剑云
责任印制：丛怀宇

出版发行：清华大学出版社

网　　　址：https://www.tup.com.cn, https://www.wqxuetang.com
地　　　址：北京清华大学学研大厦 A 座　　　邮　　编：100084
社 总 机：010-83470000　　　　　　　　　邮　　购：010-62786544
投稿与读者服务：010-62776969, c-service@tup.tsinghua.edu.cn
质量反馈：010-62772015, zhiliang@tup.tsinghua.edu.cn

印 装 者：河北盛世彩捷印刷有限公司
经　　销：全国新华书店
开　　本：170mm×240mm　　印　张：14.25　　字　数：272 千字
版　　次：2025 年 3 月第 1 版　　　　　　印　次：2025 年 3 月第 1 次印刷
定　　价：59.80 元

产品编号：088385-01

■ 本书简介

本书是初学者全面自学，快速成为二手房销售高手的实用教程。本书从实用角度出发，对二手房销售的相关技巧进行了详细解说，帮助读者全面精通二手房销售。

学习本书，掌握二手房的销售技巧，提升自身的能力，有助于响应实干兴邦的二十大精神，培养出更适合现代化建设的人才。

■ 本书特色

❑ 15 章专题内容讲解

本书结构完整，由浅入深地对二手房销售的相关知识进行了全面细致的讲解，帮助读者快速掌握二手房销售的技巧。

❑ 50 多张图片全程图解

本书采用 50 多张图片，对二手房销售技巧进行全程式图解，读者可以一目了然，快速领会所学知识，大大提高学习效率，且印象深刻。

❑ 168 个实战技巧介绍

本书是一本侧重实践的实例手册，读者通过书中的实战技巧可以逐步掌握二手房销售的核心技能与操作技巧，从新手快速成长为二手房销售高手。

❑ 168 个真实案例导入

讲解每个实战技巧时，先展示了真实案例。这些案例中出现的问题都是二手房销售中遇到的问题，能够帮助读者快速带入房产经纪人的身份。

❑ 近 500 个要点展示

本书给每个实战技巧配备了对应的要点展示，内容丰富，即便是二手房销售新手，也能快速掌握要点，成为二手房销售高手。

■ 本书编者

　　本书由朱燕编著，参加编写的人员还有高彪等人。由于时间仓促，书中难免存在疏漏与不妥之处，欢迎广大读者来信咨询和指正。

■ 版权声明

　　本书及资源文件中采用的图片、图解和案例等素材，均为所属公司、网站或个人所有，本书引用为说明(教学)之用，绝无侵权之意，特此声明。

编　者

目　　录

第 1 章

案例先学：
规避二手房销售中的坑

在做二手房销售的过程中，很多房产经纪人都遇到过一些陷阱。本章将介绍常见的陷阱，帮助大家掌握处理技巧，规避风险。

技巧 001　丢单：自己的客户和别人签单了

【现实案例】

房产经纪人小王曾经遇到过这样的情况：自己劳心劳力地按照客户需求帮客户匹配房源、邀约带看、筛选意向房源、沟通斡旋等，明明全流程都在跟进，客户却一直委婉回绝。后面了解到的真实情况是客户直接在其他经纪人那里签约成交了，自己为别人做了嫁衣。

【要点展示】

有的客户由于诸多原因，在成交之前突然改变了想法，和其他房产经纪人签单，导致辛苦服务了很久的房产经纪人关键时刻丢单。为了避免陷入这种丢单的窘境，房产经纪人需要做好以下两点。

❶ 体现自身价值

在为客户提供二手房买卖服务的过程中，房产经纪人需要体现出自身的价值。例如，树立良好的职业形象、根据客户需求提供量身打造的专业置业方案等。基于你优于其他同业人员的职业素养，为客户提供了他需要的专业价值，客户有了更好的体验和更强的安全感，自然会选择与你成交。

❷ 服务需要留痕

在服务客户的过程中，为规避自己的劳动白费，业主登记房源挂牌出售时务必依据产权人身份证信息及房产证(不动产权证)签署《房屋委托出售协议》，带客户看房前务必列明所有需要带看的房屋信息，并签署《带看协议》。这样，房产经纪人在了解到客户有和别人签单的想法时，可以借助这些服务证据进行劝说。退一步讲，即便后面因为丢单发生了纠纷，这些证据也能让你更好地维护自身的权益。

技巧 002　试探：竞争对手假装客户探消息

【现实案例】

原本约好要去看房的购房者，到了时间却说不需要带看了。询问之后，房产经纪人小孙才知道该购房者去找其他门店了解情况时，某个房产经纪人推荐了同一个房源，而且给出的佣金价格也更低一些。原来是这个房产经纪人曾经假装购房者来询问相关信息，小孙没有防备，让对方窃取了房源的详细信息。

【要点展示】

虽然充当客户去试探竞争对手，打探对方的消息，是一种令人不齿的行为，但是在实际工作过程中这种行为却屡见不鲜。就竞争对手冒充客户窃取信息的行为，房产经纪人需要做好以下两点。

❶ 观察并分析你的客户

通常来说，竞争对手和客户在沟通时的表现会有所区别，通过观察和分析，可以判断出和你沟通的是不是竞争对手。同业竞争对手在沟通时会特别关注价格，同时提的问题也会比普通客户更多、更专业。如果感觉到对方可能是竞争对手，那么在沟通过程中务必多一分警惕。

❷ 不要轻易透露关键信息

在与客户沟通的过程中，房产经纪人可以循序渐进地提供服务，刚接触时切勿透露房子的关键信息。大多数竞争对手试探你时，也没有太多时间与你一直接触，如果一开始接触没有获得关键信息，那么竞争对手就会觉得没有继续试探的必要了。

技巧003　私交：买卖双方私签《房屋买卖合同》

【现实案例】

房产经纪人小周的客户看中了自己带看的一套房源，小周根据客户业主双方的商谈情况拟定了合同内容，并和买卖双方约定好第二天签署《房屋买卖合同》。可到了第二天，买卖双方都借口有事，签不了合同。后来才了解到，买卖双方竟然避开自己私自签署了《房屋买卖合同》。

【要点展示】

有的客户觉得二手房买卖合同的细节沟通得差不多后，房产经纪人就没有价值了，所以为了节省开支，这些客户就避开房产经纪人，私自签署《房屋买卖合同》。为了规避买卖双方私自签署《房屋买卖合同》的情况发生，房产经纪人需要做好以下两点。

❶ 与客户签订合同

房产经纪人在接受客户委托之后，要及时与客户签订《购房委托代理协议》，并在合同中列出相关违约条款，避免买卖双方绕过你私自成交。

❷ 做好房源信息的监控

对于买卖双方正在协商的房源，房产经纪人要及时进行监控。如果发现房源信息发生了变化，特别是房源取消出售了，需要立刻与卖房者沟通，根据沟通内容初步判断客户是否私交，并查询该房子的原产权证件信息是否注销。查询到房产证件信息注销的结果之后，即可依据客户之前签署的《购房委托代理协议》，委托律师前往不动产中心档案窗口确认该房子的新产权人是否为我们的委托客户。

技巧 004　交底：毫无保留地将信息全部告知客户

【现实案例】

房产经纪人小马在与某位客户沟通时，因觉得特别投机，所以把对方当成自己的朋友，完全没有保留任何斡旋空间，直接将所有的信息和盘托出。可想而知，客户接收到这些信息后，觉得自己仍然有无限的空间从而提出很多不合理的要求，这也让小马在与客户沟通时一度陷入了被动。

【要点展示】

房产经纪人在与客户沟通时，要把握好度，不要把不该说的都说了。为了规避陷入直接给客户交了老底的陷阱，房产经纪人需要做好以下两点。

❶ 做好必要的准备

在与客户沟通之前，房产经纪人可以先做一些必要的准备，确定自己在沟通时要说些什么。在具体沟通时，房产经纪人只需根据自己的准备与客户进行对话，尽量不讲没有准备的内容，避免让自己说了不该说的话。

❷ 明确自己的定位，勿感性为之

有时候，房产经纪人可能会因为和客户的交情，管不住自己的情绪，感性处事。例如，有的房产经纪人和客户聊得开心了，就忘了自己的角色定位，向客户交了老底，导致后期的斡旋陷入被动。因此，在与客户沟通的过程中，房产经纪人一定要权衡利弊，避免因为自己的失误导致成交受阻。

技巧 005　失信：盲目答应却无法兑现承诺

【现实案例】

在与客户沟通的过程中，为了提高二手房的成交率，只要客户提出要求，房产经纪人小杨基本都会答应。有一次眼看着就要签合同了，客户却因为他答应的事没有做到，直接取消了本次签约。

【要点展示】

部分房产经纪人认为，答应客户的所有要求就能更快地获得客户的信任，有助于后期顺利签约。这样想有些偏颇了，如果答应的事不能做到，可能会失去客户的信任。为规避答应客户的事却无法兑现这种情形，房产经纪人需要做好以下两点。

❶ 不要轻易许诺

当客户提出要求时，房产经纪人一定要三思而后行，确定自己能做到再答应，而不能觉得应该能做到就轻易许诺。对于那些不能立刻就判断能否做到的事情，可以提出让客户给一些时间考虑一下。

❷ 学会说"不"

当客户提出的要求不能做到时，要学会对客户说"不"。说"不"并不意味着失败，反倒能表现出房产经纪人的诚实和责任感。而且说"不"之后，房产经纪人还可以提供替代方案或建议，帮助客户解决问题。

技巧006　忽视：沟通时没倾听客户的意见

【现实案例】

房产经纪人小周在接待客户时，推荐了几个优质的房源，并和客户说最好明天就去看房，也不管客户怎么想的，就自己定了下来。等到了约定时间，客户并没有到。询问之后才发现，客户觉得自己被忽视了，不想找小周买二手房了。

【要点展示】

在与客户沟通时，房产经纪人一定要摆正自己的位置，做事不能想当然，毕竟买卖二手房的最终决策权在客户手中。为了规避陷入忽视客户意见的情形，房产经纪人需要做好以下两点。

❶ 适当放低自己的姿态

有的房产经纪人觉得自己对二手房买卖有着非常丰富的经验，很多时候只要根据自己的经验做决定就可以了。这样的房产经纪人要适当地放低自己的姿态，与客户平等地进行沟通，无论客户怎么想的，都要倾听客户的意见。如果客户的意见不太符合实际，房产经纪人再进行说明并给出自己的经验也不迟。

❷ 多进行询问式的沟通

房产经纪人可以多使用询问式的沟通方法与客户进行交流。例如，房产经纪人在表达完自己的想法之后，可以接上一句："请问您觉得我刚才说的这个建议如何？"

技巧007 放任：对自己的客户不管不顾

【现实案例】

某位购房者对二手房的需求比较急切，房产经纪人小李都他找到了合适的房源之后，买卖双方因为价格的原因一直没有谈拢。小李觉得短期内不会有结果，于是将重心放在了其他客户身上。这位购房者觉得小李有些对自己不管不顾了，于是去找其他房产经纪人合作，并且快速买好了二手房。

【要点展示】

当房产经纪人不主动联系时，客户就会觉得你对他的事不太上心，所以在与客户沟通时，一定不能采取放任的态度。为了规避陷入对客户不管不顾的情形，房产经纪人需要做好以下两点。

❶ **及时并持续与客户联系**

无论什么时候，房产经纪人都应该及时并持续地与客户联系。当有重要的事要说时，应及时告知客户，这是房产经纪人的本职工作，而且很可能更快地促成交易；当没有重要的事要说时，应持续与客户联系，增加自己与客户之间的黏性。

❷ **告诉客户你做了什么**

有时候，房产经纪人可能正在为客户想办法，但是客户却不一定知道。所以，房产经纪人在沟通的过程中，一定要告诉客户，你为他做了什么，这样客户就会明白，你并没有对他不管不顾。

技巧008 打扰：一天给客户打很多电话

【现实案例】

房产经纪人小鞠是一个有事立马就说的人，每当获得相关信息时，她都会打电话告诉客户。某一天白天，小鞠已经给客户打了 10 多个电话了。晚上她想再打电话确定一下明天去看哪些房子，没想到客户直接拒绝接听她的电话。

【要点展示】

无论做什么都要把握好度，打电话也是如此，电话打得多了，可能会打扰到客户。为了避免打扰到客户，房产经纪人需要做好以下两点。

❶ **适当地降低联系的频率**

客户之所以会觉得自己被打扰了，主要是因为房产经纪人打过来的电话太多了，联系的频率太高了。针对这一点，房产经纪人可以适当地降低联系的频率，将每天联系客户的次数控制在合理的范围内。

❷ 判断是否有联系的必要

在每次联系之前，房产经纪人可以判断一下，是否有打电话进行沟通的必要。如果事情不是那么重要，可以先不联系，或者将这次要说的事，放到下一次和其他的事情一起说。

技巧009 看轻：看不起打扮朴素的客户

【现实案例】

房产经纪人小谢喜欢根据客户的穿着打扮来判断其购房能力，他觉得那些不喜欢打扮的人，基本没有购房能力。某一天，店里来了一个打扮朴素的客户，他觉得这个客户可能就是来凑热闹，不会买房，没想到这位客户一开口就说想买临江的大平层。听到客户这么说，小谢就知道了自己把人看轻了。

【要点展示】

有的客户为人处世比较低调，单从穿着打扮上是无法判断其购房能力的，所以千万不能看轻任何客户。为了规避因为自己主观原因看轻客户的情形，房产经纪人需要做好以下两点。

❶ 以平常心看待客户

人不可貌相，不管客户长得怎么样、穿戴打扮得怎么样，都不能代表其购房实力。所以，无论面对什么样的客户，房产经纪人都应该以平常心看待，不要以貌取人。

❷ 提高自身的服务意识

房产经纪人要提高自身的服务意识，客户愿意找你咨询，说明他对买卖二手房是有需求的，这种需求无关客户的打扮。要知道，打扮得再不起眼的人，只要他有需求，你又服务好了，他就愿意跟你合作。

技巧010 业余：业务不熟练耽误了时间

【现实案例】

房产经纪人小苏刚入职不久，对相关的业务还不熟悉。有一次，他带购房者看房时，以为卖房者就住在二手房里，只要敲门进去看就行。谁知，到了之后，敲了两次门都没有回应。询问店里的同事才知道，原来卖房者已经把钥匙放在店里了。为了让客户看到房，他只得又返回店里去拿钥匙。看房结束后，客户觉得小苏办事不牢靠，耽误了自己的时间，要求店主给自己换一个房产经纪人。

【要点展示】

房产经纪人刚入职时，都缺乏职业专业度，由于自己对业务不太熟练，导致在服务过程中给客户带来很不好的体验，所以房产经纪人要想办法快速地让自己成长起来。为了避免因为业务不熟练导致客户流失的情形，房产经纪人需要做好以下两点。

❶ 增加对业务信息的了解

入职之后，房产经纪人一定要增加对自身业务信息的了解，即便不确定有的信息现在是否能用上，也要花时间了解一下。因为有的东西，等你有需求时才去了解，会耽误客户的时间，从而使你在客户心目中的形象大打折扣。

❷ 通过实践提高熟练度

对于刚入职的房产经纪人来说，进行一些实践是很有必要的，适当地进行实践不仅可以了解相关问题如何处理，还能提高自己对业务的熟练度。

技巧 011　产调：确保房产能正常进行交易

【现实案例】

房产经纪人小乔自认为如果房产不具备出售的条件，卖房者也不会找自己挂牌出售，所以他一直以来都没有按标准流程做产调的习惯。然而，某次签约后到了办理过户环节才被窗口告知这套二手房是不能进行上市交易的，这让小乔当场愣在了原地，他明白不光这单白忙活了，自己还将面临买卖双方的解约纠纷。

【要点展示】

产调就是做产权调查，确保要出售的二手房能够合法地进行买卖。为了规避挂牌出售房产因为各种原因限制交易，房产经纪人需做好以下两点。

❶ 交易之前先进行产调

无论是什么样的房源，房产经纪人都要在交易之前进行产调，明确房源的信息，特别是确定这个房产能否进行交易。

❷ 确定房产能否正常交易

如果在做产调时发现二手房无法进行交易，那么就要了解问题出在哪里，并帮助卖房者解决问题。只有问题解决了，房产能正常进行交易了，才能组织买卖双方签合同。

第2章

快速入门：
了解二手房的基础知识

对于刚进入二手房行业的新手来说，要想快速地进入角色，成为一名合格的房产经纪人，需要先掌握一些相关的基础知识。本章将重点讲解二手房的基础知识，帮助大家快速入门二手房销售。

技巧 012　流程：了解二手房交易的步骤

【现实案例】

小张怀着满腔热情进入了二手房销售行业，想要撸起袖子干一番事业。然而，师傅的第一个问题就把他难住了。师傅说："你知不知道二手房交易的步骤啊？"在小张的印象里，二手房交易就是让买卖双方签署合同，并完成交房就可以了。难道还有其他步骤吗？你能否帮小张解答这个问题呢？

【要点展示】

对于房产经纪人来说，了解二手房交易的步骤，可以快速梳理整个交易流程，知道自己该做些什么。具体来说，二手房交易主要分为以下步骤。

【步骤1】了解需求

房产经纪人在获得客源和房源的过程中，需要与客户进行沟通，了解客户的具体需求。只有这样，才能根据客户的需求进行带看，让买卖双方找到合适的交易对象。

【步骤2】带看房源

了解客户需求后，房产经纪人可以第一时间匹配合适的房源供客户初步筛选，然后带客户实地看初步筛选的房源。带看房源不是一件简单的事，在此过程中，房产经纪人可能需要多次带看，才能帮客户找到客户满意并愿意签约的房源。

【步骤3】洽谈斡旋

如果购房者对带看的二手房比较满意，房产经纪人便可以引导买卖双方见面洽谈，想办法说合成功、促成签约。当然，作为买卖双方沟通的桥梁，房产经纪人不仅要组织双方见面，还要及时跟进，在传达买卖双方意见的同时，积极地进行引导，让买卖双方更快地达成一致。

【步骤4】签订合同

买卖双方就二手房的买卖进行协商并达成一致后，如果确定要进行交易，房产经纪人便可以引导买卖双方签订《二手房买卖合同》。为了更快地促成签约，房产经纪人可以快速拟定《二手房买卖合同》，根据买卖双方的要求对合同的内容进行调整，并指导签约。

【步骤5】产权过户

签订合同之后，房产经纪人要收集客户办理银行贷款审批和房产过户所需的材料。

客户贷款审批通过后，房产经纪人根据自己城市不动产登记中心过户预约流程预约过户号，然后通知买卖双方按照预约日期携带过户所需资料的原件前往指定窗口。

完成资料递件、过户材料签字、交易资金按要求完成监管、缴纳税费等事项之后，将缴税凭证提供至不动产过户窗口，该二手房就从卖方转移到买方名下了。买方凭不动产领取回执单，并配合办理抵押登记，待新房产证出来后，再按流程收房款即可。

【步骤 6】交房入住

等业主收到合同约定的全额房款后，房产经纪人便可以组织买卖双方按照合同约定的条件进行交房。在交房的过程中，房产经纪人需要协助买卖双方约定交付标准，并当场检测相关的家具、电器能否正常使用，确保交房工作有序完成。

技巧 013　须知：二手房交易的相关信息

【现实案例】

在接待客户的过程中，客户说："你可以给我介绍一下二手房交易的相关流程和信息吗？我想看看现在是不是适合买二手房。"从客户的话语中，小刘能感受到客户的购房意愿，但是作为一名二手房销售新手，他却不知道如何给客户一个满意的答复。如果你是小刘，你会从哪些方面向客户介绍二手房的交易信息呢？

【要点展示】

对于从事房产销售的人员来说，随时掌握二手房交易的相关信息是很有必要的，这不仅是自身的职业要求，也是提高成交率的重要保障。具体来说，关于二手房交易，房产经纪人必须知道以下信息。

【信息 1】交易政策

了解二手房交易政策，最好的方式就是去当地房产交易政务窗口咨询，工作人员会在醒目位置公示交易流程和税费等细节。如果没有公示，直接咨询即可，他们会给一张交易和税费的具体流程表，这是最权威、最精准的交易信息，这是知"彼"。

【信息 2】交易方式

现在每个房产品牌的交易系统，都有一些开放的权限，或者受制的地方，因此要咨询店长，本品牌的交易流程和税费标准是否有独特的地方，这是知"己"。只有知"己"又知"彼"，才能在交易流程和税费标准这些细节上，给客户提供精准的信息与实操服务。

【信息3】贷款政策

政府每隔一段时间，都会根据市场的供需情况调整贷款的利率，一会儿加，一会儿减，我们需要时刻了解这些最新信息，然后从中找出利好交易的信息。

【信息4】贷款利率

上有政策，下有"对策"，对于政府的调控政策、贷款利率，具体执行的主体还是各大银行，但每家银行的具体利率会有细微的差别，因此要了解合作的各家银行的贷款流程和具体给出的利率是多少。

技巧014　跑盘：熟悉二手房附近的商圈

【现实案例】

小王是一名刚进入二手房销售行业的新手，虽然他经常听前辈们谈起"跑盘"这个词，但是对"跑盘"却知之甚少。带他入行的师傅曾经说，"跑盘"就是逛一下附近的商圈，看看能不能收集到房源和客源。他觉得师傅说得有些道理，但好像又不完全对。那么，你觉得小王应该怎样做好跑盘呢？

【要点展示】

新人进入二手房行业后，首先要做的就是通过跑盘熟悉门店附近的商圈，了解商圈的生意范围，提升自身的专业水平，从而合理配置自己所掌握的资源，与客户进行高效沟通，增加二手房成交的机会。那么，要如何才能做好跑盘？对此，我们需要重点把握以下3个要点。

【要点1】跑盘的核心

商圈跑盘，是新人的必修课，只是不同的新手，能够理解和做到的境界不一样，作为过来人，下面重点分享3点。

❶ 熟悉商圈信息

对周围的学校、交通、商业等所有信息，都要了如指掌，这样才能做到对客户的疑问应答如流。

❷ 匹配客户需求

根据客户的需求和我们了解的信息，进行精准、高效的匹配，促进成交，是我们的目的。

❸ 创造未来价值

在跑盘的过程中，挖掘出多个维度的亮点，使客户买的房可以在未来升值，从而提升客户对我们的认可，增加回头率与复购率。

【要点 2】跑盘的要求

在商圈跑盘的过程中是否足够认真、用心，决定了房产经纪人在房产经纪行业中的基础奠定得是否牢固。在做商圈跑盘时有 3 个要求，如图 2-1 所示。

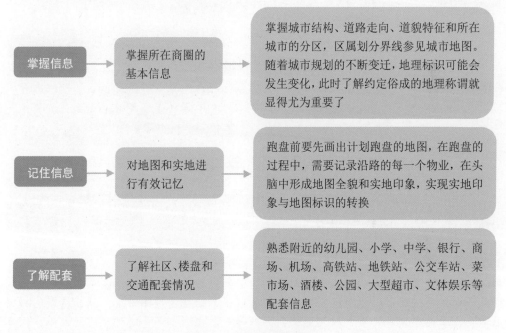

掌握信息	掌握所在商圈的基本信息	掌握城市结构、道路走向、道貌特征和所在城市的分区，区属划分界线参见城市地图。随着城市规划的不断变迁，地理标识可能会发生变化，此时了解约定俗成的地理称谓就显得尤为重要了
记住信息	对地图和实地进行有效记忆	跑盘前要先画出计划跑盘的地图，在跑盘的过程中，需要记录沿路的每一个物业，在头脑中形成地图全貌和实地印象，实现实地印象与地图标识的转换
了解配套	了解社区、楼盘和交通配套情况	熟悉附近的幼儿园、小学、中学、银行、商场、机场、高铁站、地铁站、公交车站、菜市场、酒楼、公园、大型超市、文体娱乐等配套信息

图 2-1　商圈跑盘的要求

【要点 3】跑盘的目的

房产经纪人是所在商圈的一张活地图，经纪人讲解商圈和楼盘能够帮助客户快速了解楼盘及周边各类公共配套设施。

房产经纪人在讲解商圈的过程中，需要根据客户的实际情况判断讲解区域的范围，结合楼盘的特点详略得当地进行介绍，提升工作效率。具体来说，房产经纪人进行商圈跑盘主要有 3 个目的，具体如图 2-2 所示。

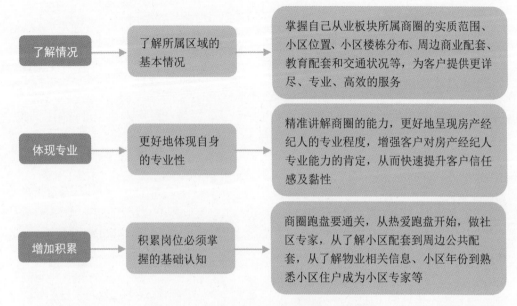

图 2-2 房产经纪人进行商圈跑盘的主要目的

技巧 015　练习：努力克服沟通障碍

【现实案例】

小胡是一个比较内向的人，在与他人沟通的过程中，她有时候会感到有些紧张，连说话也变得结巴了，以至于很多事情都想好了，但就是说不出来。她知道表达能力很重要，于是下定决心要克服沟通障碍，可是一时之间却不知道该从何处入手。你有什么方法，可以帮助小胡克服沟通障碍？

【要点展示】

有的人因为性格原因，不善于沟通，和客户打电话都会紧张，有时甚至会出现沟通障碍。其实，很多人的沟通能力都是通过后期训练培养起来的，如果觉得自己有沟通障碍，房产经纪人可以加强练习，提升自己的胆量和勇气，让自己慢慢地克服沟通障碍。

具体来说，房产经纪人面临沟通障碍时，可以通过如图 2-3 所示的方法来加强练习，提升自己的胆量和勇气，努力克服沟通障碍。

例如，刚入行的房产经纪人每天可以固定打 30 个电话，分析遇到的困难，找到问题答案，这是成长最好的办法。在此过程中，如果客户拒绝你，就从拒绝中总结被拒绝的原因；如果客户反问你，就从反问中看看自己缺乏什么，回头赶紧充电学习；如果客户刚好有需求，就好好询问，且一定要用笔记录下客户的具体需求，这点很重要。

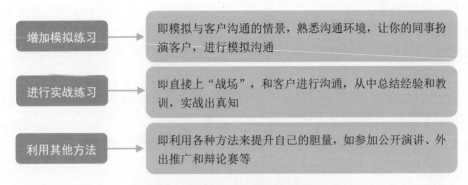

图 2-3　房产经纪人克服沟通障碍的方法

技巧 016　推广：与潜在客户建立沟通

【现实案例】

今天是小姜第一天上班，在毫无准备的情况下，师傅要她试着独自做一次外出推广，找一找潜在客户。小姜一下子就犯了难，没有一点经验，她哪里懂怎么做外出推广啊！如果你是小姜，你会怎么做好这次外出推广呢？

【要点展示】

房产经纪人可以通过推广，特别是外出推广，与潜在客户建立沟通，将路人变成客户。当然，外出推广时，房产经纪人面对的人都是随机的路人，此时需要从中筛选出有需求的人群，并通过沟通了解他们的需求。

具体来说，房产经纪人在外出做推广时，可以通过如图 2-4 所示的步骤快速筛选出潜在客户，并与客户建立沟通，从而将路人转化为客户。

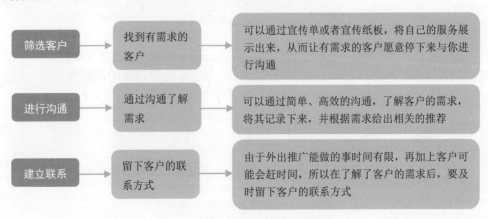

图 2-4　将路人转化为客户的步骤

技巧 017 从容：新手也能轻松应对客户

【现实案例】

这一天小红和师傅一起在守店，店里的客人比较多，于是师傅让小红尝试着独自接待一个客户。虽然他也看见过师傅从容地应对客户的各种问题，但是由于没有接待客户的经验，所以一想到要独自面对客户，心里还是有些发慌。如果你是小红，你会怎样接待客户，从容地应对客户的各种问题呢？

【要点展示】

虽然是新手，但是房产经纪人遇事不要慌张，而是要从容地进行沟通，让客户觉得你是值得信赖的。具体来说，房产经纪人可以分别从面对卖房者和购房者的角度，有条不紊地做好相关工作，体现出自身的专业性。下面就来进行具体讲解。

【角度 1】面对卖房者

在面对需要出售房屋的卖房者时，房产经纪人可以重点做好如图 2-5 所示的 3 方面工作，让卖房者变成你的客户，将他的二手房变成你的房源。

需要注意的是，部分卖房者比较有主见，他们会根据自身感受给出售价，通常这个价格会高于市场行情。此时，房产经纪人有必要提醒卖房者，按这个价格进行销售，可能很难将房子卖出去，并给出合适的价格范围。

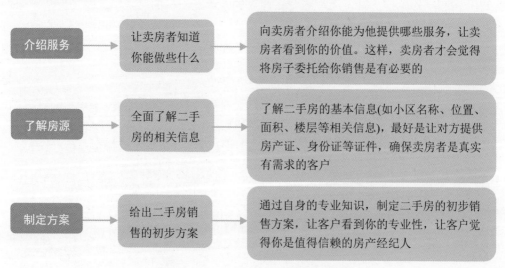

图 2-5 面对卖房者时要做好的工作

【角度2】面对购房者

遇到购房者时，房产经纪人可以将重点放在帮他买房上面，让购房者认可你的价值和能力。具体来说，此时房产经纪人需要重点做好以下3方面工作。

❶ 介绍二手房购买的相关服务

房产经纪人可以重点介绍能为购房者提供哪些服务，让购房者觉得你能帮他快速地买到合适的二手房。

❷ 为购房者建立专门的档案

《孙子兵法》有云："知己知彼，百战不殆！"房产经纪人可以为购房者建立档案，并根据档案来了解购房者的需求，为其推荐合适的二手房。具体来说，购房者的档案中要重点记录4方面信息，如图2-6所示。

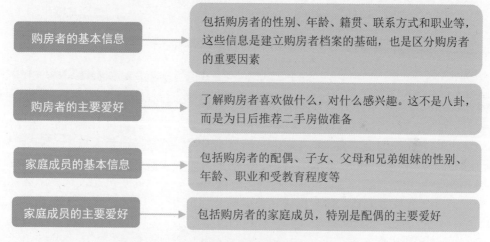

图2-6　建立购房者档案时要重点记录的信息

❸ 根据档案信息推荐房源

房产经纪人可以根据购房者的购房需求来推荐房源。在这个过程中，房产经纪人需要多一点耐心，因为你推荐的几套房源，购房者不一定看得上。

另外，如果购房者是通过电话沟通，那么房产经纪人还要在电话沟通中留下好印象，只有这样，购房者才会愿意与你会面。具体来说，要在电话沟通中给购房者留下好印象，需要重点做好3项工作，如图2-7所示。

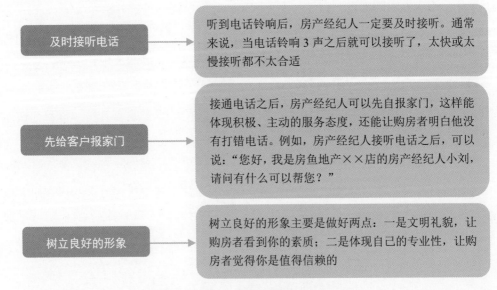

及时接听电话	听到电话铃响后，房产经纪人一定要及时接听。通常来说，当电话铃响 3 声之后就可以接听了，太快或太慢接听都不太合适
先给客户报家门	接通电话之后，房产经纪人可以先自报家门，这样能体现积极、主动的服务态度，还能让购房者明白他没有打错电话。例如，房产经纪人接听电话之后，可以说："您好，我是房鱼地产××店的房产经纪人小刘，请问有什么可以帮您？"
树立良好的形象	树立良好的形象主要是做好两点：一是文明礼貌，让购房者看到你的素质；二是体现自己的专业性，让购房者觉得你是值得信赖的

图 2-7　在电话沟通中要重点做好的工作

技巧 018　介绍：快速展示出二手房的信息

【现实案例】

在接待客户的过程中，一名客户说："能帮我简单介绍一下这个二手房的相关信息吗？我想多了解一些。"看着客户手指的二手房，小吴陷入了沉思，这要怎么进行介绍呢？虽然有展示资料，但是根据这些资料进行介绍，对客户来说并没有多大的意义。如果你是小吴，你会怎样介绍二手房的相关信息呢？

【要点展示】

在介绍和展示二手房信息时，房产经纪人需要明白客户对哪些信息比较在意，这样不仅可以体现房产经纪人的专业性，还能提高沟通的效率。具体来说，购房者在购买二手房时会重点询问 5 个方面的信息，包括房子的质量、交通的便利性、周围的配套、居住的环境和拆迁风险性，下面进行具体讲解。

【信息 1】房子的质量

二手房的质量好坏直接影响购房者的购买意愿，那些明显存在质量问题的房子，即便降价出售，很多人可能也不会有购买的念头。这是因为有的质量问题不仅会影响二手房的美观，还会直接影响日常生活。

具体来说，常见的二手房质量问题主要包括漏水、渗水、墙体开裂、门窗变形或损坏、管道堵塞和电路使用存在安全隐患等。房产经纪人获得二手房的出售权之后，可以重点查看房子是否存在上述这些质量问题。这样，购房者询问二手房的质量问题时，房产经纪人也会心里有底。

例如，当购房者询问二手房是否存在质量问题，而房产经纪人经过实地探查并确定二手房不存在质量问题时，就可以对购房者说："房子我进去仔细看了，完全不存在任何质量问题。如果您觉得不放心的话，我们可以随时去看房。"

【信息 2】交通便利性

二手房的交通便利性主要包括周围是否有公交站、地铁站、火车站和城际铁路站，以及乘车或开车前往城市中心、某些商业圈是否方便。虽然现在很多人都有私家车，但是有的人还是习惯乘坐公共交通工具出行。

这主要是因为乘坐公共交通工具出行，不仅能省去开车、停车的麻烦，还能节省一些不必要的开支。也正是因为如此，有的购房者在购买二手房时，会特别看重交通的便利性。

【信息 3】周围的配套

二手房的周围配套主要包括商业配套(如附近有哪些娱乐场所)、教育配套(如附近有哪些教育机构、学校)、公共配套(如附近有没有公园、健身设施)、其他的自身配套(如小区里是否有自己的幼儿园)，这些配套对于住户的工作、生活和学习等都会带来影响。购房者在询问二手房的周边配套时，房产经纪人可以根据其家庭情况，利用某些配套来引导购房者购买二手房。

另外，有的购房者可能对二手房的某些周边配套不太满意，此时房产经纪人要在沟通的过程中适当地进行引导，将弊端转化为优势，这样做可以有效地提高购房者对二手房的满意度。

【信息 4】居住的环境

二手房的居住环境主要是指小区的环境是否优美、居住是否舒心。影响二手房居住环境的因素包括小区的绿化面积、房屋的间距和朝向、房屋的视野、空气的清新程度、是否有噪声污染等。

不同的客户，因为需求点不一样，所以问的问题也是多种多样，房产经纪人回答的标准有两点：一是尽量基于客观事实，不要欺瞒客户；二是紧扣对方需求，投其所好，扬长避短来说。

技巧 019　邀约：快速提高客户的面谈意愿

【现实案例】

"小李，这里是一些有购房需求的客户，你帮我联系一下，让他们明天来店里面谈。"听到师傅的话之后，小李先是答应了一声，接着就有些犯难了。对他来说，如果只是简单地告知客户一些信息还行，但师傅的意思明显就是一定得邀请客户来店里面谈。如果你是小李，你会怎样进行邀约呢？你觉得怎样做，客户才愿意来店里面谈呢？

【要点展示】

有的房产经纪人第一次通过电话沟通邀约客户进行面谈时，心里会有点紧张。这种情况是很正常的，不过也不用太紧张，此时只要将邀约信息传达给客户，并使用一些邀约技巧，即可提高客户的面谈意愿。

对于刚进入二手房销售行业的房产经纪人来说，要想快速完成邀约、提高邀约的成功率，必须做好以下两方面工作。

【工作1】确定邀约面谈的信息

在进行正式电话邀约之前，房产经纪人需要先确定邀约面谈的信息，这不仅可以提高邀约的效率，还能让自身的表达更有条理性。具体来说，房产经纪人需要确定的邀约面谈信息主要有4种，如图2-8所示。

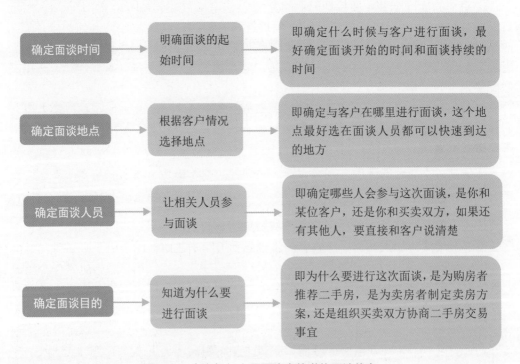

图2-8　房产经纪人需要确定的邀约面谈信息

【工作2】掌握邀约面谈的技巧

在与客户进行电话邀约时，房产经纪人可以使用3个策略，来提高客户应邀参与面谈的意愿，如图 2-9 所示。

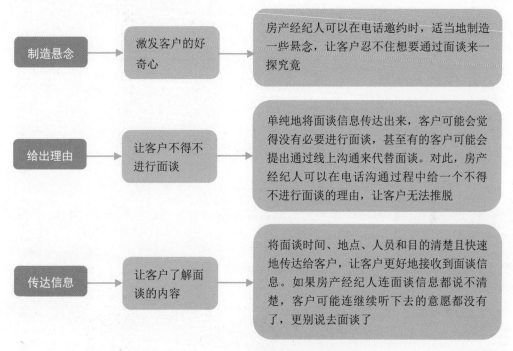

制造悬念 → 激发客户的好奇心 → 房产经纪人可以在电话邀约时，适当地制造一些悬念，让客户忍不住想要通过面谈来一探究竟

给出理由 → 让客户不得不进行面谈 → 单纯地将面谈信息传达出来，客户可能会觉得没有必要进行面谈，甚至有的客户可能会提出通过线上沟通来代替面谈。对此，房产经纪人可以在电话沟通过程中给一个不得不进行面谈的理由，让客户无法推脱

传达信息 → 让客户了解面谈的内容 → 将面谈时间、地点、人员和目的清楚且快速地传达给客户，让客户更好地接收到面谈信息。如果房产经纪人连面谈信息都说不清楚，客户可能连继续听下去的意愿都没有了，更别说去面谈了

图 2-9　提高客户应邀参与面谈意愿的技巧

技巧 020　答复：在电话中给出满意的答案

【现实案例】

某天早上，小马还在睡梦中，就被电话铃声吵醒了。接通电话之后，才发现对方是咨询二手房信息的客户。这让小马一下子就清醒了，但也让他有些手足无措。在这种完全没有准备的情况下，他这样一个新手要怎么沟通，才能在电话中给出客户满意的答案呢？

【要点展示】

面对不同客户的询问，房产经纪人给出答复的方式也要有所差别。如果客户是第一次打电话过来，记住两个要点，如图 2-10 所示。

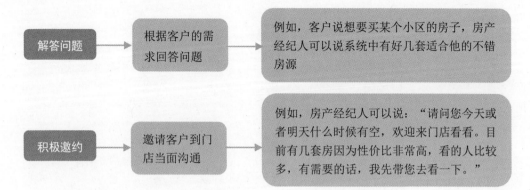

图 2-10　客户第一次打电话过来时的沟通要点

对于那些此前已经进行了沟通的卖房者和购房者，房产经纪人要如何给出答复呢？下面笔者就来介绍一些常见的技巧。

【技巧 1】答复卖房者

卖房者打电话来询问，主要就是想了解房产经纪人有没有认真在做推广、有没有人对他的房子感兴趣。对此，房产经纪人可以使用如图 2-11 所示的策略答复卖房者，让其明白你也想尽快帮他把房子卖出去。

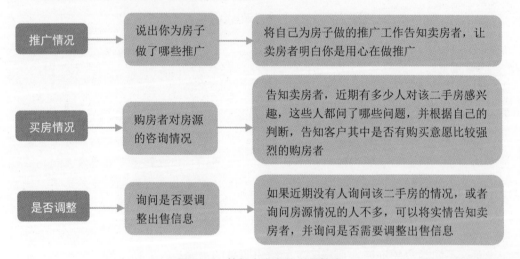

图 2-11　答复卖房者的主要策略

以房源推广情况的答复为例，房产经纪人可以对客户说："我在 58 同城、安居客、贝壳找房、抖音、快手和微信等平台上发布了二手房的推广信息，我在微信上给您发了推广信息的链接，您可以点击进去看一下。除了线上推广之外，我还进行了一些线下推广，具体包括在门店橱窗中张贴房源信息、派发二手房的宣传单、在小区的信息宣传栏中张贴二手房的出售信息，相关的照片发到您的微信里。"

【技巧2】答复购房者

购房者之所以打电话来询问，主要就是想了解有没有适合自己的房源。对此，房产经纪人可以通过 3 个策略回复购房者，让其明白你在认真地为他找房子，如图 2-12 所示。

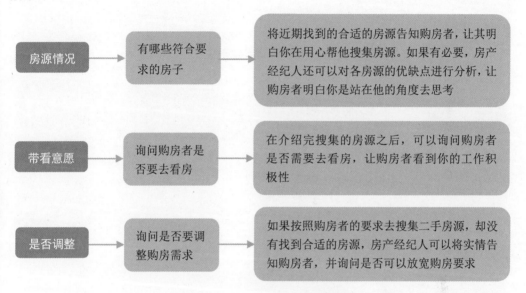

图 2-12　答复购房者的主要策略

技巧 021　不慌：遇到小区保安阻拦也不怕

【现实案例】

有一天，小刘在附近商圈跑盘时，被某个小区的保安拦住了。保安说："上面有规定，非本小区的住户，不能随便进入。"碰到这种情况，小刘马上就慌了。他特意被店里安排进这个小区跑盘，如果连门都进不去，怎么向店长交代呢？如果你是小刘，你会通过哪些方法进入这个小区呢？

【要点展示】

商圈跑盘的目的是增加对小区的了解，搜集小区中的房源，虽然不进入小区或许也能达到这些目的，但是进小区进行实地探查之后，在后期与客户沟通时会更有话语权，所以房产经纪人最好是想办法进入小区。

对于商圈跑盘遇到保安阻拦，不让进入小区的情况，房产经纪人可以通过 3 种方法来解决，实地查看小区的相关情况，如图 2-13 所示。

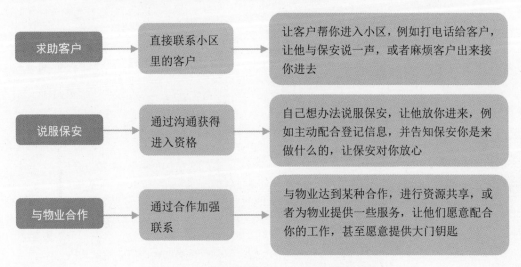

图 2-13　遇到保安阻拦时，进入小区的方法

第 3 章

自我提升：
成为二手房销售的高手

房产经纪人要从新手快速成长为二手房销售高手，需要掌握一些技巧，实现自我提升，让自己更加专业。本章就来讲解二手房销售的自我提升技巧，让那些刚入职的新手，也能实现快速成长。

技巧 022　礼仪：树立专业的职业形象

【现实案例】

上岗的第一天，房产经纪人小秦的师傅就说，二手房销售是一个服务型岗位，因此是非常需要注重礼仪的。可是，要学习哪些礼仪，又该如何学习呢？作为一个二手房销售新手，小秦也是满脑子的疑问。

【要点展示】

有的人认为花时间学习商务礼仪没有必要，其实不然，对于房产经纪人来说，学习商务礼仪不仅可以让我们更好地融入自己的职业角色，还能在客户心中树立起专业的形象。对于学习商务礼仪，房产经纪人需要了解以下 3 方面内容。

【方面 1】为什么要学习商务礼仪

房产经纪人为什么要学习商务礼仪？这主要是因为学习商务礼仪有 3 方面的作用，如图 3-1 所。

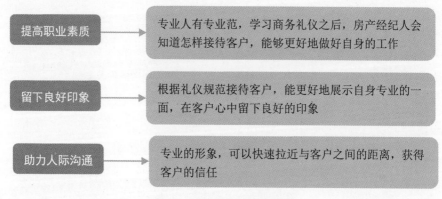

图 3-1　学习商务礼仪的作用

【方面 2】要学习哪些商务礼仪

房产经纪人要学习的并不仅仅是语言沟通的礼仪，而是展现自身形象的各种礼仪，这主要体现在 5 个方面，如图 3-2 所示。

以站姿礼仪为例，房产经纪人站立时要身体笔直、双肩放松、双手自然下垂、双腿直立，如果是在正式场合站立，最好不要双手交叉、将双手插进口袋或双手抱胸，更不要斜着身子倚靠其他物体。

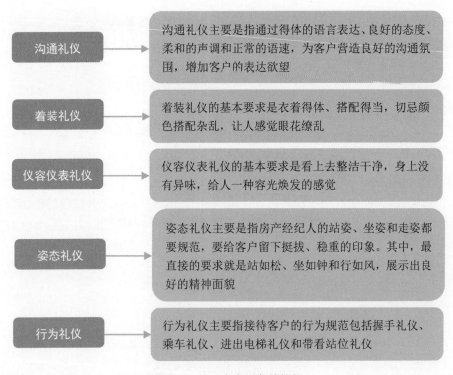

图3-2　展现自身形象的礼仪

【方面3】如何快速掌握商务礼仪

虽然商务礼仪包含的内容比较多，学习起来需要花费一些时间，但是在学习时如果能够使用一些方法，就能缩短学习的时长，让房产经纪人快速掌握商务礼仪。下面介绍房产经纪人快速掌握商务礼仪的方法，如图3-3所示。

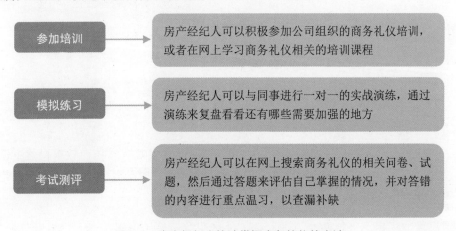

图3-3　房产经纪人快速掌握商务礼仪的方法

技巧023　积累：不断积蓄自身的力量

【现实案例】

作为一个二手房销售新手，小胡经常会遇到难以单独应对客户的情况。所以，看到那些前辈游刃有余地应对各种问题时，小胡就特别羡慕，不知自己怎样做才能变得这么厉害。

【要点展示】

在房产销售行业中，很多房产经纪人都是通过不断积累来提升自己的能力，那些高转化率的房产经纪人，可能付出了你难以想象的努力。同样的，如果你能认真做好积累，通过实践不断总结经验，那么在不久的将来，你也会拥有超高的转化率。具体来说，在从事二手房销售工作的过程中，房产经纪人需要从以下4个方面做好量的积累，不断积蓄自身的力量。

【方面1】房源量

房源量的积累，就是通过线上线下搜索，获得更多房源的委托销售权，从而为购房者提供更多的选择空间，满足客户多样化的需求。对于房产经纪人来说，手中的房源量就相当于自己的销售资本。

【方面2】时间量

时间量的积累，就是房产经纪人要将大量时间花在与二手房销售相关的事情上，通过时间量上的积累，寻求转化率上质的飞跃。具体来说，房产经纪人需要花时间做好3个方面的事，如图3-4所示，不断积累二手房销售的经验，增强自身的销售能力。

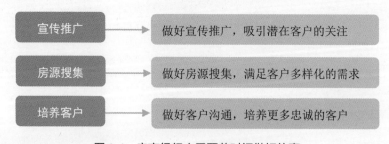

图3-4　房产经纪人需要花时间做好的事

【方面3】信息量

信息量的积累，包括两个方面，即二手房获取信息的积累和二手房发布信息的积累。具体来说，二手房获取信息的积累，就是通过各种渠道及时了解二手房的相关政策，并网罗附近的二手房房源信息；而二手房发布信息的积累，就是坚持日复一日地通过各种平台发布二手房销售信息，吸引更多客户的关注。

【方面 4】问题解决量

在从事二手房销售工作的过程中，房产经纪人会遇到各种各样的问题，随着问题解决量的增加，房产经纪人会变得越来越专业。具体来说，房产经纪人需要重点解决 4 类问题，让自己变得更加专业，如图 3-5 所示。

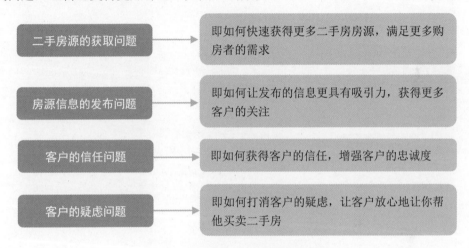

图 3-5　房产经纪人需要解决的问题

本书第 8 章中所说的"百里理论"与"百问耐心"，本质就是解答客户的疑虑，获取客户的信任，积累客户的满意度，谈到成交的价位，抵达双方成交的那个心理点。这是一个系列的过程，需要经历初期看房、中期挑选、后期谈价、末期再谈等多个阶段，犹如怀胎十月才能分娩一样，需要解决各种问题，让买卖双方的意见达成一致，才能完成交易。

技巧 024　复盘：快速丰富自身的经验

【现实案例】

这一天是房产经纪人小许第一次单独接待客户(之前一直跟在师傅旁边，由师傅教他怎么做)，所以快下班的时候，师傅要他对今天的工作做一下复盘。小许心想："什么是复盘？复盘又该怎么做呢？"

【要点展示】

复盘就是做完某件事之后，对整个过程进行复演，从而了解自己有哪些地方做得好，有哪些地方需要改进。对于房产经纪人来说，通过复盘不断积累经验是提高带看转化率的一种有效手段。具体来说，在做复盘的过程中，房产经纪人需要做好 3 项工作，如图 3-6 所示。

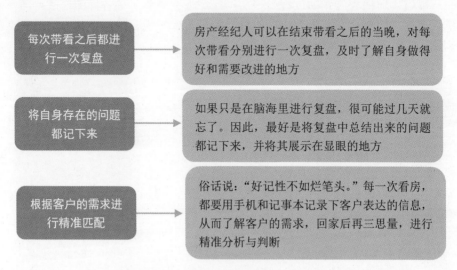

图 3-6　房产经纪人需要做好的工作

以将自身存在的问题都记下来为例，房产经纪人可以将复盘之后找到的问题，一条一条地写在便利贴上，然后将便利贴粘贴在办公桌上，或者一条一条地列入手机备忘录中。这样，房产经纪人看得多了，就会牢记自己存在的问题，并在为客户服务的过程中多加注意，避免自己重复犯错。

技巧 025　目标：确定自己的努力方向

【现实案例】

今天是房产经纪人小周入职的第一天，与小周熟悉了一些之后，师傅就对他说："像我们这种做销售的，一定要有目标感。入职后的第一个月，你有哪些目标呢？有没有想过怎样才能达到这些目标呢？"在此之前，小周根本没有想过这些问题，所以一时之间有些答不上来。

【要点展示】

很多人在做某件事之前，都会确定好自己的目标，这样做会让自己要努力的方向变得更加清晰。而且根据目标确定相关的方案后，还会让自己的行动更有针对性，从而提高目标达成的可能性。通常来说，房产经纪人要想实现自身的目标，需要重点做好以下两方面工作。

【工作 1】确定具体的目标

通常来说，目标越具体、越清晰，根据目标制定方案时就会越有针对性。因此，在确定目标时，房产经纪人应该让目标尽可能具体一些。当然，在确定具体目标时，房产经纪人也需要选择合适的方法。下面就来讲解确定具体目标的常见方法。

❶ 根据时间确定目标

房产经纪人可以确定每个时间段的目标，让目标与时间产生关联。例如，房产经纪人将具体目标确定为每个月成交 8 单租赁、2 单买卖，那么平均每个星期就得成交 2 单租赁，每两周成交 1 单买卖。当某个星期房产经纪人只销售了一套二手房时，下个星期就要更加努力，否则目标将难以达成。

❷ 根据需求确定目标

有时候，房产经纪人近期可能有明确的需求，此时便可以根据需求来确定目标。例如，房产经纪人需要让自己变得更加能说会道，那么便可以将提升表达能力作为近期的一个目标。

【工作 2】找到实现目标的方法

确定目标之后，房产经纪人便可以根据目标寻找方法，制定合适的方案，从而更好地实现目标。图 3-7 所示为实现目标的常见方法。在实践过程中，房产经纪人可以同时使用多种方法。

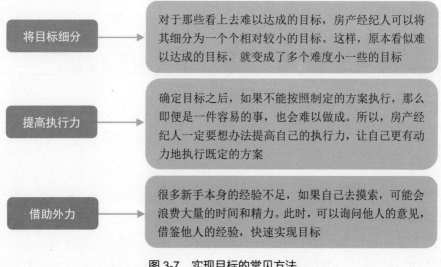

将目标细分	对于那些看上去难以达成的目标，房产经纪人可以将其细分为一个个相对较小的目标。这样，原本看似难以达成的目标，就变成了多个难度小一些的目标
提高执行力	确定目标之后，如果不能按照制定的方案执行，那么即便是一件容易的事，也会难以做成。所以，房产经纪人一定要想办法提高自己的执行力，让自己更有动力地执行既定的方案
借助外力	很多新手本身的经验不足，如果自己去摸索，可能会浪费大量的时间和精力。此时，可以询问他人的意见，借鉴他人的经验，快速实现目标

图 3-7　实现目标的常见方法

以提高执行力为例，房产经纪人可以根据目标的完成情况制定奖惩制度，如果完成了目标，就给自己一些奖励；反之，则对自己进行处罚。这样，房产经纪人便会强迫自己去执行计划，让完成目标变得更有动力。

技巧 026　效率：对你的时间进行管理

【现实案例】

房产经纪人小马最近觉得时间过得很快，每天都感觉浑浑噩噩的，还没做多少事就要下班了，工作效率非常低。小马知道，这样下去是不行的，但是要怎么做才能管理好时间、提高自己的效率呢？

【要点展示】

对时间进行有效管理，可以更好地提高自身的工作效率，增加目标实现的可能性。对于房产经纪人来说，在日常工作和生活中，可以通过以下 6 种方法对时间进行管理，提高自身的效率。

❶ 制订计划

房产经纪人可以制订每天、每周或每月的计划，列出要完成的任务和活动。制订计划之后，只需要根据计划行动，便可以更好地组织时间，将时间用在实处。

❷ 任务排序

房产经纪人可以使用矩阵分析法，按照重要性和紧迫性对任务进行分类，然后根据自身情况确定完成任务的顺序。具体来说，房产经纪人可以先将重要性和紧迫性作为横坐标和纵坐标，将要完成的任务分为 4 个类别，如图 3-8 所示。

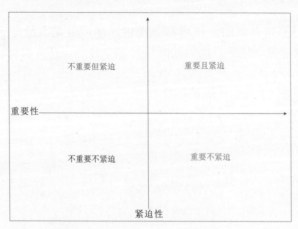

图 3-8　根据重要性和紧迫性将要完成的任务分为 4 个类别

　　分类确定之后，接下来房产经纪人便可以根据自身需求确定要完成任务的先后顺序。例如，当运营者需要尽可能地完成所有任务时，便可将紧迫性作为第一指标对要完成的任务进行排序，并在坐标轴上标上序号，让完成任务的先后顺序更加直观，如图 3-9 所示。

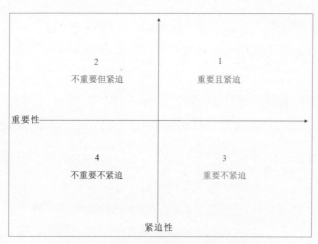

图 3-9　将紧迫性作为第一指标进行排序

❸ 时间块化

　　房产经纪人可以将每天的工作时间分成多个小块的时间，每一小块时间专注地执行一个任务。另外，在使用每一小块时间时，房产经纪人可以使用番茄工作法(设定一个闹钟，在闹钟声响之前专心做一件事，如果分心了或者做了其他的事，就重新开始)来提升自己的注意力，让工作更加高效。

❹ 避免同时执行多个任务

　　每个人的精力都是有限的，在日常工作中，房产经纪人最好一个一个地执行任务，而不要同时执行多个任务。因为同时执行多个任务，会分散自己的注意力，影响工作效率。

❺ 设定截止时间

　　房产经纪人可以确定每个任务的完成时间，并设定截止时间。还可以给截止时间设置一个闹钟。有的人做事有些拖拉，参照截止时间可以更好地安排接下来的工作。

　　如果截止时间还没到就完成了任务，房产经纪人可以稍微休息一下，再执行下一个任务；如果截止时间到了，任务短期内还难以完成，房产经纪人可以及时止损，先去执行其他的任务，避免继续浪费时间；如果截止时间到了，任务即将完成，房产经纪人知道自己已经超时，为了尽快完成任务，自然会加一把劲。

❻ 减少时间浪费

有的房产经纪人之所以效率不高，主要就是因为把时间用在了不必要的地方，造成了时间的浪费。例如，部分房产经纪人喜欢和同事闲聊，一聊就停不下来，不知不觉就浪费了几个小时。

其实，对于房产经纪人来说，减少时间浪费，就等于节约了时间。而且浪费的时间少了，用于工作的时间就增多，这样，每天能完成的工作量增加了，工作的效率自然也就提高了。

技巧 027　能力：提升自身的专业素养

【现实案例】

最近房产经纪人小胡有些沮丧，有几笔交易马上就要成功了，却因为出现了自己无法解决的问题，只能眼睁睁地看着煮熟的鸭子就这么飞了。这也让小胡意识到，现在自身的专业素养还不够，必须想办法培养自身的能力。那么，房产经纪人要培养哪些能力呢？

【要点展示】

无论哪种职业，都需要一定的专业素养，这种专业素养，更多体现在各种需要培养的能力上。对于房产经纪人这个职业来说，需要培养的能力主要包括 8 种，具体如下。

❶ 学习能力

刚进入二手房销售行业时，新手们对于该行业的相关知识和信息所知有限，这就需要借助学习能力来提升自身的专业素养，让自己更好地满足职业需求。例如，有的房产经纪人不知道如何在网上发布房源信息，因此需要向他人学习相关的操作方法。

❷ 沟通能力

在二手房交易过程中，房产经纪人可能需要与很多人沟通，而且在沟通过程中，还需要及时传达信息，并对买卖双方进行引导，因此培养自身的沟通能力，创造良好的沟通氛围是很有必要的。

❸ 营销能力

所谓"营销能力"，就是对相关信息进行宣传推广，让更多人看到这些信息之后，出现相关的需求。通常来说，在从业过程中，房产经纪人需要培养两方面的营销能力：一是培养房源信息的营销能力，让更多有需求的购房者，看到你发布的房源；

二是培养身份信息的营销能力，让更多人知道你是专业的房产经纪人，并出于信任，找你买卖二手房。

④ 合作能力

房产经纪人需要懂得与他人合作，这样可以借助他人的力量，让独自难以解决的问题变得简单起来。例如，房产经纪人在日常工作中，需要与同事和合作伙伴保持良好的合作关系，这有助于提高自身的业绩。

⑤ 分析能力

在与客户沟通的过程中，客户可能不会直接说出自己的想法，这就需要房产经纪人具有一定的分析能力，能够通过客户的语言、动作等分析出客户的需求，并根据客户的需求进行引导，让二手房交易朝着好的方向发展。

⑥ 管理能力

在从事二手房销售的过程中，可能需要管理各种信息，如房源信息和客户信息等，这就要求房产经纪人具有一定的管理能力，能够对信息进行有序管理，并在有需要时快速地找到相关的信息。

⑦ 解决问题的能力

在买卖二手房时，房产经纪人可能会遇到各种问题，其中既有自己能解决的问题，也有自己难以解决的问题，无论是遇到哪种问题，房产经纪人都要想办法解决。对于那些自己能解决的问题，亲自解决就好；如果是遇到自己解决不了的问题，就需要请教他人，借助他人的力量来寻找更好的解决方案。

⑧ 控制情绪的能力

在与同事、客户和其他相关人员的沟通过程中，可能会出现有些紧张的沟通氛围。此时，房产经纪人需要控制好自己和对方的情绪，这样才能创造一个良好的沟通氛围。

技巧 028　规划：合理安排你的工作行程

【现实案例】

明天房产经纪人小胡要带 3 位购房者去看房，每个购房者都需要看几套房，而且其中两位购房者都是下午才有时间。除了带看之外，明天小胡还有一些其他的工作要做，因此合理地安排自己的工作行程就很有必要了。如果你是小胡，你会如何安排明天的工作行程呢？

【要点展示】

房产经纪人需要灵活且有效地规划自己的行程，以便能够高效地处理各种事项，提高自身的工作效率。具体来说，在安排自己的工作行程时，房产经纪人需要重点做好两方面的工作，具体如下。

❶ 确定行程

在正式行动之前，房产经纪人应该先确定好自身的行程，这样会让工作更有序地进行下去。具体来说，在确定行程时，房产经纪人需要明确两方面的信息：一是要去哪些地方；二是去这些地方要花多少时间。

❷ 规划路线

确定行程之后，房产经纪人便可以根据行程来规划路线了。例如，如果带看结束之后再过半个小时，就该与某位卖房者当面沟通了，此时回门店再赶过去，路上会浪费很多时间。房产经纪人就可以先到达会面地点，等待卖房者到来。当然，在等待的过程中，房产经纪人也可以使用手机进行工作(如使用手机查找附近的房源)，避免时间的浪费。

技巧029 口才：通过训练增强表达能力

【现实案例】

小王是一个比较内向的人，不善于表达，但是因为看好二手房市场的发展，于是毕业之后就应聘了二手房销售的岗位。工作之后，小王发现，他的表达能力还有待增强，于是开始寻找方法进行有针对性的训练。

【要点展示】

二手房销售是一个非常注重口才的岗位，那些表达能力强的人，往往更容易在沟通中占据主导地位，让客户心甘情愿地买卖二手房。那么，房产经纪人如何才能增强自身的表达能力呢？下面就来介绍4种常见的方法。

❶ 脑中梳理

在正式开始表达之前，房产经纪人可以先在脑海中对要说的话进行梳理，甚至可以在脑海中进行预演。这样做不仅可以为表达做好准备，还能在脑海中形成特定的印象，让表达变得更加顺畅。

❷ 增加练习

很多事，刚上手的时候有些陌生，所以做起来可能会有些磕碰，但是熟悉了之后，习惯成自然，事情就变得简单了。因此，房产经纪人平时可以增加一些练习，多进行口头表达，锻炼好自己的口才。

❸ 挑战自己

有时候，某件事在做之前，会觉得很难，自己肯定做不了，但是挑战自己，做过之后，会觉得并没有想象中的那么难。其实，表达也是如此，有的人话比较少，一想到要跟别人说话就会紧张。而为了增强自己的表达能力，尝试做了几次演讲之后，就会觉得跟别人说话不再紧张了。

❹ 倾听意见

有的人在表达的时候可能会存在一些问题，但是自己却不一定能意识到。对此，房产经纪人可以尝试与同事进行模拟对话，并倾听同事的意见，看看自己的表达还有什么可以改进的地方。

技巧 030　借鉴：多学习他人的成功经验

【现实案例】

同样是刚入职一个月左右的新手，某位同事的成交量却比自己高得多，所以房产经纪人小周认为自己有些地方做得不到位，于是想去请教这位同事，学习他的成功经验。

【要点展示】

借鉴他人的经验是一个非常有价值的学习过程，可以避免自己犯同样的错误，帮助房产经纪人更好地提升二手房的销售能力。那么，房产经纪人要如何借鉴他人的成功经验呢？下面就来讲解具体的操作步骤。

❶ 确定学习对象

要想学习别人的成功经验，得先确定学习对象。通常来说，房产经纪人只需根据日常的观察找到那些比自己做得好的人，进行学习即可。例如，当觉得某个同事开发房源的能力很强时，房产经纪人便可以向其学习房源开发的方法。

❷ 请教相关问题

确定学习对象之后，房产经纪人可以通过询问对方，请教相关的问题，在答疑解惑的同时，获得对方的经验。当然，在请教之前，房产经纪人可以先做一下准备，确定好要请教的问题。

❸ 总结他人的经验

请教问题之后，房产经纪人可以根据沟通内容总结出相关的经验。这一步的目的是，将别人的表达变成自己更容易理解的内容。另外，为了让总结的经验更加清晰、易懂，房产经纪人可以用简单的话语将经验一条一条地列出来。

❹ 将经验用于实践

将经验总结出来之后，如果不去实践，就等于纸上谈兵。因此，房产经纪人要将获得的经验多次用于实践，看看效果如何。在刚将别人的经验用于实践时，房产经纪人可能会因为与平时的做法不同而有些不习惯，面对这种情况，一定要坚持继续将这些经验实践下去。因为有时候要通过多次实践，才能客观地评估这些经验的实践效果。

❺ 根据实践进行调整

经过多次实践之后，房产经纪人对学习的经验和获得的效果已经比较清楚了，此时，房产经纪人可以根据实践情况，对学习的经验进行适当的调整，制定更适合自身的方案。这样做不仅可以更加熟练地将成功的经验运用到实践中，还能对成功的经验进行一次升级。

技巧 031　敏锐：房源信息有变动你先知

【现实案例】

某一天，房产经纪人小白接到了购房者的电话，说想看一下某套二手房。挂断电话之后，小白兴冲冲地去找卖房者沟通，才发现这套二手房昨天已经卖出去了。这下小白蒙了，这套房怎么这么快就卖出去了呢？都怪自己没有及时沟通、及时了解情况，这下怎么向购房者交代呢？

【要点展示】

及时关注信息变动情况，不仅可以培养时刻关注重要信息的意识，还可以提升自己对于房源的敏感度及熟悉度，避免出现案例中这种答应了客户却无法满足其需求的情况。当然，除了及时关注信息变动的情况外，还要慎重，不能将不确定的信息盲目地进行传递。对于及时关注信息变动情况，房产经纪人需要做好以下 3 点。

❶ 关注相关信息

要想做到及时关注信息变动情况，房产经纪人首先需要确定重点关注的信息，并及时了解这些信息是否发生了变化。具体来说，房产经纪人可以选择在特定的时间查看这些关注的信息，如每天刚上班的时候、吃饭的时候或下班之后。而且最好是每天都查看一下，这样做可以养成习惯。

❷ 确认要更新的信息

看到关注的信息发生变化之后，房产经纪人需要对其进行确认，以免出现错误更新信息的情况。例如，在网上看到关于二手房的相关政策发生变化时，房产经纪人可以前往相关单位的官网进行确认；又如，二手房的销售信息发生变化，房产经纪人可以直接与卖房者沟通并进行确认。

❸ 及时进行信息更新

确认信息确实发生变化之后，房产经纪人要尽快对变化了的信息进行更新。例如，信息发生了小幅度变化，只需要进行调整即可；信息已经不再适用，则要及时删除。

技巧032　名片：打造出专业的个人IP

【现实案例】

有的房产经纪人通过新媒体运营，打造了专业的个人 IP(Intellectual Property，知识产权)，每次发布的内容，都能获得很多流量。房产经纪人小郑觉得这样做不仅可以获得更多房源和客源，还可以增加客户的信任感，让自己更有话语权，于是也开始尝试借助新媒体运营来打造自己的个人 IP。

【要点展示】

房产经纪人可以在运营新媒体账号时，打造一个专业的个人 IP，制作一个电子名片，树立一个专业的形象。通常来说，房产经纪人在借助新媒体运营打造个人 IP 时，需要做好以下 3 点。

❶ 确定要打造的IP

在打造 IP 之前，房产经纪人需要先确定想打造怎样的 IP。例如，要想增加二手房的销量，可以打造专业的二手房销售 IP；要想体现自身在二手房市场的权威性，可以打造一个答疑解惑的二手房专业人士 IP。

❷ 设置信息打造IP

确定了要打造的 IP 之后，房产经纪人便可以通过账号信息的设置来打造个人 IP。例如，可以通过账号简介的设置来显示自身的专业性，如图3-10 所示。

图 3-10　通过账号简介的设置来显示自身的专业性

❸ 发布内容巩固 IP

除了账号主页之外，房产经纪人还可以通过在账号中发布内容来巩固个人 IP，进一步树立起专业的形象。例如，房产经纪人可以在同一个账号中发布多个关于二手房的短视频，巩固自己的 IP，如图 3-11 所示。

图 3-11　发布多个短视频巩固 IP

第 4 章

开发房源：
做好优质二手房的储备

　　做好二手房销售，主要就是想办法增加两个"源"，即房源和客源，这两个"源"分别对应的是供给和需求。本章重点讲解房源的开发技巧，帮助大家快速做好优质二手房的储备。

技巧 033　App：通过房产平台寻找房源

【现实案例】

"小胡，你用手机上的房产 App 查一下，看看附近有没有可以开发的房源。"听到店长的话之后，作为二手房销售新手的小胡答应了一声，随后就嘀咕了起来："要用哪个 App 查？怎么查呢？"

【要点展示】

随着房产市场的发展，越来越多的房产平台开始出现在大众的视野中，而且很多大型房产机构都开发了独立的 App，房产经纪人可以在这些 App 上查找附近的房源。下面就以贝壳 App 为例，对具体操作进行说明。

步骤 01　登录账号并进入贝壳 App 的默认界面，点击界面上方的搜索框，如图 4-1 所示。

步骤 02　在搜索框中输入地点的关键词，选择关键词对应区域所在的选项，如图 4-2 所示。

图 4-1　单击搜索框

图 4-2　选择对应区域所在的选项

步骤 03　界面中会展示对应区域的二手房源，选择某个二手房源，如图 4-3 所示。

步骤 04　执行操作后，即可查看该二手房源的相关信息，如图 4-4 所示。

图 4-3　选择对应的二手房源　　　图 4-4　查看二手房源的相关信息

当然，对于房产经纪人来说，关键还是要将二手房变成自己手中的房源。在很多房产平台中展示的基本都是已经委托给中介进行销售的二手房，要将其变成自己的房源，难度比较大。对此，房产经纪人可以转换思路，直接与卖房者(即房东)联系，获得二手房的销售权。下面以安居客 App 为例，对具体操作进行说明。

步骤 01 进入安居客 App 的"二手房"界面，点击上方的搜索框，在搜索框中输入"个人房东"，点击"搜索"按钮，如图 4-5 所示。

步骤 02 系统会展示个人房东的房源，如图 4-6 所示，房产经纪人只需选择合适的二手房源进行查看即可。

图 4-5　点击"搜索"按钮　　　图 4-6　展示个人房东的房源

每个城市的房产发布平台不同，所以获取房源信息的渠道也不一样，但无论你在哪个城市，作为经纪人必须要做的一件事情便是，找出所在城市发布房源信息的 5 大平台分别是哪些，然后在这些平台上尽可能地将自己需要开发的房源进行搜索与整理，得到尽可能全面的信息。

技巧 034　搜索：通过关键词查找房源

【现实案例】

"有的人会在网上发布房源信息，我们可能只要通过浏览器进行搜索，就能找到附近的房源。"店长在传授开发房源的经验时，对店里的房产经纪人说道。此时，作为二手房销售新手的小马不禁问道："店长，我们要怎样进行搜索呢？哪些关键词比较实用呢？"如果你是这家店的店长，你会怎么回答小马的问题呢？

【要点展示】

房产经纪人可以直接在浏览器中输入"房屋出售""二手房"等关键词(有需要的还可以直接加上楼盘名称进行搜索)，查看他人发布的二手房出售信息，如图 4-7 所示。房产经纪人可以直接通过出售信息中的联系方式与卖房者进行沟通，将卖房者要出售的二手房变成自己手中的房源。

图 4-7　卖房者发布的出售信息

当然，在此过程中要想提高房源获取的成功率，还需要注意以下几点。

❶ 查看信息要有耐心

很多个人房东会直接将房子委托给房产经纪人销售，而不会在网上发布销售信息，所以房产经纪人可能要寻找很久，才能找到附近的房源，在此过程中必须多一分耐心。

❷ 用自身的价值打动卖房者

卖房者之所以通过在网上发布信息来出售二手房，主要有两个目的：一是加大宣传，让房子更快地卖出去；二是想要节省中介服务费。如果是为了加大宣传，房产经纪人与卖房者沟通之后，可以快速地达成合作；如果卖房者是想节省中介服务费，那么房产经纪人就需要通过展示自身的价值，让卖房者明白与你合作对他更有利。

技巧035　同城：从本地服务网站上寻找

【现实案例】

"小蒋，你从本地服务网站上搜索一下，看看附近有哪些正在销售的二手房，我们筛选一下，看看能不能开发成自己的房源。"这是某个店长对刚入行的二手房销售新手说的一段话。如果你是小蒋，你会怎样通过本地服务网站寻找房源呢？

【要点展示】

互联网上有一些专门提供本地服务的网站，房产经纪人可以从这些网站上寻找同城(甚至是附近的)房源。以58同城这个本地服务网站为例，房产经纪人可以通过以下步骤查找同城房源。

步骤 01 进入58同城的官网首页，单击左侧的"二手房"超链接，如图4-8所示。

图4-8　单击"二手房"超链接

步骤 02 进入"58同城•房产"页面的"二手房"选项卡，房产经纪人可以在该选项卡中对区域、售价、面积、房型和特色等信息进行设置，从而更好地查找到合适的房源，如图4-9所示。

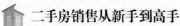

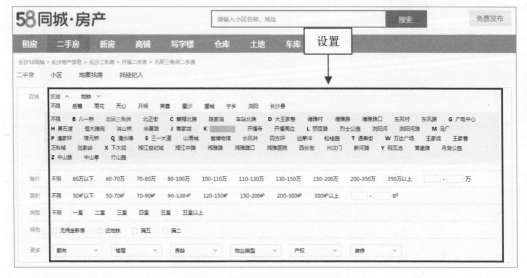

图 4-9　对房源信息进行设置

步骤 03　房源信息设置完成后，系统会自动推荐相关的房源，如图 4-10 所示。房产经纪人只需根据自身需求查看房源信息，并与卖房者取得联系即可。

图 4-10　系统自动推荐相关的房源

从本地服务网站上寻找房源时，为了快速找到并获得相应房源的销售权，房产经纪人需要重点把握好以下两点。

❶ 做好信息筛选

在本地服务网站上查找房源时，一定要根据自身需求做好信息的筛选。房产经纪人的信息筛选做得越好，就越容易找到合适的房源。

❷ 设法获得销售权

找到合适的房源之后，房产经纪人要设法获得房源的销售权。然而，本地服务网站上的房源信息的发布者大多是其他的房产经纪人，此时房产经纪人可以与对应的同行取得联系，尝试与其共享资源；也可以通过房源信息，上门进行咨询，从卖房者(即业主)手中获得销售权。

技巧 036　社交：借助公共平台查找房源

【现实案例】

小王是一名二手房销售新手，他知道现在很多社交平台上都充斥着各种信息，如果能够用好这些社交平台，便可以快速查找房源信息，从中筛选出合适的房源。可是，要从哪些社交平台上查找房源呢？又该如何查找房源呢？想到这些问题，小王不禁有些犯难。

【要点展示】

很多社交类公共平台上都聚集了大量的用户和信息，房产经纪人可以通过一些简单的操作，快速地从这些平台上查找同城的房源信息。下面就以抖音、微信和快手为例，为大家讲解借助社交平台查找房源的方法。

【平台1】抖音

抖音为用户提供了搜索功能，房产经纪人可以借助该功能查找同城的房源信息，具体操作步骤如下。

步骤 01　登录账号并进入抖音 App 的"首页"界面，点击右上方的 🔍 图标，如图 4-11 所示。

步骤 02　进入抖音搜索界面，点击上方的搜索框，如图 4-12 所示。

步骤 03　在搜索框中输入"二手房"，点击"搜索"按钮，如图 4-13 所示。

步骤 04　进入搜索结果界面，点击界面中的"房源"按钮，如图 4-14 所示。

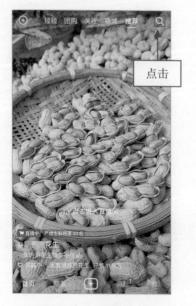

图 4-11　点击🔍图标

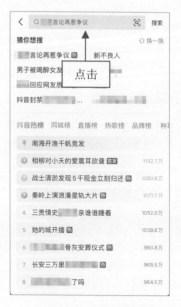

图 4-12　点击搜索框

图 4-13　点击"搜索"按钮

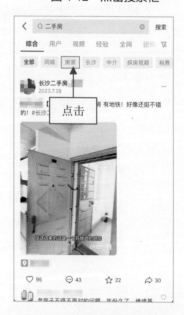

图 4-14　点击"房源"按钮

步骤 05　界面中会展示各类房源信息，点击对应房源的营销推广短视频，如图 4-15 所示。

步骤 06　进入短视频播放界面，全屏查看该房源的营销推广短视频，如图 4-16 所示。

图 4-15　点击对应房源的营销推广短视频

图 4-16　全屏查看该房源的营销推广短视频

【平台 2】微信

微信平台上有一个"搜一搜"功能，房产经纪人可以借助该功能查找微信平台上的同城二手房源，具体操作步骤如下。

步骤 01 进入微信 App 的"发现"界面，选择"搜一搜"选项，如图 4-17 所示。

步骤 02 进入"搜一搜"界面，点击搜索框，如图 4-18 所示。

图 4-17　选择"搜一搜"选项

图 4-18　点击搜索框

步骤 03 在搜索框中输入"城市名+二手房",如"长沙二手房",点击"搜索"按钮,如图 4-19 所示。

步骤 04 进入搜索结果界面,该界面中会展示同城二手房的相关信息,如图 4-20 所示。房产经纪人可以点击查看搜索结果中的相关信息,从中筛选出有价值的二手房源信息。

图 4-19 点击"搜索"按钮

图 4-20 展示同城二手房的相关信息

【平台3】快手

和抖音平台一样,快手平台上也聚集了大量的用户,而且很多用户习惯在该平台上发布各种信息。房产经纪人可以直接通过快手 App 搜索并查看房源信息,具体操作如下。

步骤 01 登录账号并进入快手 App 的"首页"界面,点击右上方的 🔍 图标,如图 4-21 所示。

步骤 02 进入快手搜索界面,点击上方的搜索框,如图 4-22 所示。

步骤 03 在搜索框中输入"长沙二手房",点击"搜索"按钮,如图 4-23 所示。

步骤 04 进入搜索结果界面,点击界面中对应区域的按钮,如"天心区"按钮,如图 4-24 所示。

步骤 05 界面中会显示同城二手房营销推广短视频,房产经纪人可以点击对应营销推广短视频的封面,如图 4-25 所示。

步骤 06 执行操作后,即可全屏查看该二手房的营销推广短视频,了解房源的相关信息,如图 4-26 所示。

图 4-21　点击 🔍 图标

图 4-22　点击搜索框

图 4-23　点击"搜索"按钮

图 4-24　点击"天心区"按钮

　　当然，除了抖音、微信和快手之外，还有很多其他的社交平台，如微博、小红书和 QQ 等。房产经纪人可以直接使用相关的关键词进行搜索，查看附近的房源，并筛选出合适的二手房进行开发。

图4-25　点击对应营销推广短视频的封面

图4-26　全屏查看二手房的营销推广短视频

技巧037　线下：通过商圈跑盘收集房源

【现实案例】

某天上午刚上班，小胡就被店长派到附近跑盘，做线下房源的收集工作。虽然此前也做过商圈跑盘，但那只是了解附近商圈的相关信息，还没有涉及查找房源。因此，当听到要通过跑盘收集房源时，小胡有些不知所措了。

【要点展示】

对于房产经纪人来说，商圈跑盘不仅是熟悉附近环境的一种有效手段，还是网罗附近房源必须要做好的一项工作。在商圈跑盘的过程中，房产经纪人如果比较用心，可能就会发现一些房源。

例如，在一些墙壁上，可能会看到二手房销售信息，如图4-27所示。房产经纪人可以通过二手房销售信息上提供的联系方式，与卖房者进行沟通，争取获得对应二手房的销售权。

对于房产经纪人来说，跑商圈不是去逛街，而是一项重要的工作。因此，为了让跑商圈获得更好的效果，从而将附近更多的房源网罗到自己手中，房产经纪人需要在跑商圈的过程中注意以下几点。

❶ 从经常张贴各种营销信息的地方查找

很多小区，特别是一些老旧小区，都会形成固定展示营销信息的地方。房产经纪人需要查看这些地方的营销信息，从中查找关于二手房出售的信息，有需要的房产经纪人还可以通过手机拍照功能，将二手房出售信息记录下来。

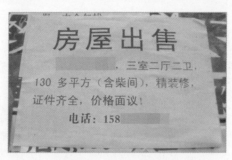

图 4-27　二手房销售信息

❷ 筛选出有价值的房源

在跑商圈时，房产经纪人可能会看到很多二手房出售信息，这些信息有的是卖房者自己张贴的，有的则是其他房产经纪人张贴的。房产经纪人要用心地从中挑选出房东张贴的二手房销售信息，并通过其中的联系方式与卖房者进行沟通，将对应的二手房变成自己的房源。

❸ 降慢速度，仔细观察周围

有的房产经纪人为了提高跑商圈的速度，可能只查看固定地方的营销信息，这样很容易忽略一些信息。因此，在跑商圈的过程中，房产经纪人最好仔细观察周围，这样才能将二手房营销信息尽收眼底。

❹ 走一走之前没有走过的道路

在跑商圈的过程中，如果房产经纪人一直走同样的道路，那么可能无法看到展示在其他地方的二手房营销信息。所以，在跑商圈时，房产经纪人要时不时地换一下线路，并探索一些新的线路，这样才能看到其他房产经纪人无法发现的信息。

技巧 038　合作：借助物业获得一手房源

【现实案例】

某一天在店内做培训时，店长说可以通过与小区的物业合作来获得一手房源，然后点名问小王，应该找物业的哪些人进行合作。如果你是小王，你会怎么回答店长呢？

【要点展示】

在借助物业开发一手房源时，房产经纪人可以重点从以下人员入手，了解小区内卖房者的需求，从而更好地获得房源。

❶ 物业客服

部分房东会询问物业客服，是否有人要卖房，有的物业客服还会将卖房者的需求记录下来。因此，房产经纪人可以与物业客服进行沟通，获得相关卖房者的联系方式。

❷ 小区保安

小区保安经常守在小区的进出口，随着工作时间的增长，可能会获得部分房东的信任，所以他们对房东的卖房需求可能会有所了解。因此，可以找小区保安聊一聊。退一步想，即使保安不知道具体哪一套房源，但他们隶属于物业部门，比外人更了解小区房源情况。

❸ 保洁人员

保洁人员每天都在小区里做清洁，她们最清楚哪一户有人住，哪一户没人住，对于没人住的房源，便是我们关注的重点。

技巧 039　入群：通过群内消息获得房源

【现实案例】

师傅说，有的人会在小区的业主群中发布二手房出售信息，如果能进入附近小区的业主群，便可以通过群内消息获得房源，并让小王想一想有什么方法进入这些小区的业主群。如果你是小王，你能想到哪些方法呢？

【要点展示】

对于房产经纪人来说，加入业主群是直接获取信息和客源的一个重要渠道。那么，房产经纪人要如何加入业主群呢？下面为大家介绍几种常见的办法。

❶ 以业主身份加入

如果经纪人本身就是小区的业主，那么进入业主群就简单了，提供相关购房证明就可以了。

❷ 找物业人员帮忙

很多业主群都是通过群成员拉其他人入群的，如果没有熟人在微信业主群中，房产经纪人可以直接找物业客服人员，让他们将自己拉进业主群。

❸ 找群主帮忙

现在许多业主群，都是业主自发建立的，而不是物业建的，因此房产经纪人可以找群主帮忙。

❹ 找亲戚朋友帮忙

房产经纪人可以想一想，有没有亲戚、朋友，或者熟人，在该小区买了房子，并以他们家人的身份入群，即使加入不了，一旦群里有相关信息，也可以请他们帮助提供一下。

❺ 找老客户帮忙

作为专攻某个小区的房产经纪人，在该小区一定成交过多套房子。因此，房产经纪人在开始与他们打交道时，就要提供超值的服务与人品营销，与新、老业主建立好联系，最好与他们成为朋友，如果有谁在业主群发布出售或购房信息，请他们帮忙提供一下。

通过群内获得房源，进群只是第一步，接下来的事也很重要，尤其要注意，如图 4-28 所示的 4 点。

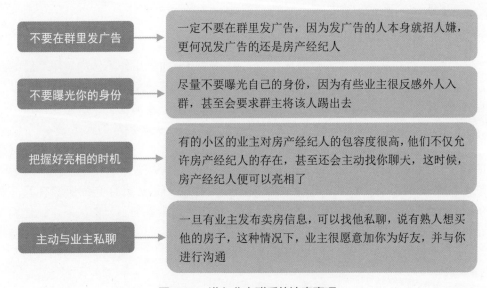

图 4-28　进入业主群后的注意事项

技巧 040　人际：通过亲戚朋友获得房源

【现实案例】

师傅说："小马呀！有时候我们开发房源可以利用一下自己的人际关系，让亲戚朋友帮我们推广和收集信息。"小马问道："那我怎样才能让亲戚朋友心甘情愿地帮这个忙呢？"如果是你，你会怎么解答小马的疑问呢？

【要点展示】

每个房产经纪人身边都有不少亲戚朋友，特别是微信里，少则几十个，多则上百个、上千个。试想，如果每个人都能帮你推荐一套房源或客源，那你就不用愁业绩不达标了。不过，平白无故，他们也不会帮你，为了让更多的亲戚朋友愿意帮你推广和收集信息，房产经纪人还需要用心做好以下工作。

❶ 重点经营做房产投资的亲友

对于有多套房子的亲友，房产经纪人一定要重点对待，态度积极，在专业知识上多提供免费的帮助，这样一旦他们有房子要卖，第一时间就会想到你。

❷ 适当地给亲戚朋友一些鼓励

对于亲戚朋友们来说，不帮你是本分，帮你是情分，谁也没有义务帮你做事。人家帮你，是付出了时间、精力的，所以，对那些助力做成交易的亲戚朋友表示感谢或者给予酬金，是应该的，也是有必要的。

❸ 让亲戚朋友知道你的工作

多与亲戚朋友联系，告诉他们你在做二手房销售方面的工作。例如，房产经纪人可以通过发朋友圈、在微信群发布推广信息等方式，让亲戚朋友知道你在从事二手房销售的工作。有需要的房产经纪人，还可以直接通过给亲戚朋友一一发短信、微信或QQ等方式，让亲戚朋友帮忙留意一下周围是否有买卖二手房需求的人员。

除了寻常意义上的亲戚朋友之外，房产经纪人在工作过程中遇到的一些人群(如你的客户)也可以成为自己的朋友。房产经纪人可以先获得这些朋友的信任，然后通过逢年过节的祝福信息及礼品等方式长期维护，让他们乐意为你介绍房源客源。例如，房产经纪人可以通过如图 4-29 所示的 3 种方式来维系与客户的关系，让他们主动帮你做营销推广。

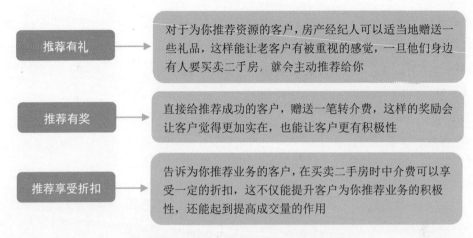

推荐有礼	对于为你推荐资源的客户，房产经纪人可以适当地赠送一些礼品，这样能让老客户有被重视的感觉，一旦他们身边有人要买卖二手房，就会主动推荐给你
推荐有奖	直接给推荐成功的客户，赠送一笔转介费，这样的奖励会让客户觉得更加实在，也能让客户更有积极性
推荐享受折扣	告诉为你推荐业务的客户，在买卖二手房时中介费可以享受一定的折扣，这不仅能提升客户为你推荐业务的积极性，还能起到提高成交量的作用

图 4-29 让客户主动帮你做营销推广的方法

技巧 041 房东：通过直接联系获得销售权

【现实案例】

在网上搜索房源和做商圈跑盘的过程中，小周看见了一些房东出售二手房的信息。他知道这些房东手上有房源，只要沟通好，便可以从房东手中获得销售权。但是要怎么沟通，才能让房东自愿将二手房委托给自己销售呢？想到这个问题，小周就有些犯难了。

【要点展示】

找到需要出售二手房的房东(即卖房者)之后，房产经纪人要与其进行沟通，以获得二手房的销售权。当然，这个沟通需要一个过程，房产经纪人往往需要经过多次联系，才能用自身的诚意和专业知识打动房东。

那么，如何打动房东，让其更愿意将二手房委托给你销售呢？这就要求房产经纪人在沟通时展示以下 4 方面信息。

❶ 专业价值

房产经纪人可以向卖房者强调，自己从事房产行业的时间长，积累了丰富的经验，比起大多数同行更加专业。

❷ 客源优势

房产经纪人可以告知卖房者，自己手中现在有大量需要购买二手房的人群，能够帮卖房者卖出更高的价格。

❸ 速度优势

相比于卖房者，房产经纪人销售二手房的经验更丰富，知道如何更快地将二手房卖出去。

❹ 地理优势

房产经纪人的门店靠近二手房，无论是带看，还是借钥匙给其他中介，都很方便。

有的卖房者虽然愿意委托房产经纪人销售二手房，但是却不愿意给钥匙。对此，房产经纪人可以给卖房者几个留下钥匙的理由，具体如图4-30所示。

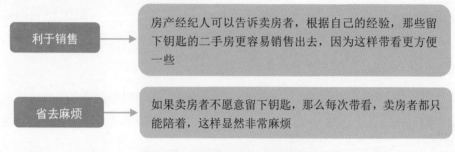

图 4-30　让卖房者留下钥匙的理由

技巧 042　媒介：通过线上线下平台获取房源

【现实案例】

小朱有一次去阿姨家走亲戚时随手拿起沙发上的一份报纸，发现报纸上竟然有专门的版块刊登房屋出售信息，这下他像发现了新大陆，跟阿姨随意聊了一下。阿姨还告诉他不单报纸上有房源出售信息，电台上也有专门的房产栏目，有的购房者和卖房者就是通过报纸和电台取得联系的。

【要点展示】

随着互联网的飞速发展，各种自媒体开始活跃起来，慢慢的一些传统的信息获取渠道被我们忽视了。其实，如果房产经纪人用好传统媒介这个渠道，也会有意想不到的收获。那么，如何通过传统媒介获取房源呢？下面就来介绍具体的技巧。

❶ 挖掘报刊

房产经纪人要想通过报刊开发有效的房源信息，需要先花时间和精力向身边的人打听自己所属的城市有哪些报纸可以刊登房产租售信息，并且了解多久出刊一次，落实好之后就可以订阅这类报刊了。

❷ 搜寻电台

既然知道有的电台栏目有专门的房产频道，那么平常驾车、坐车时就可以切换不同频道试听内容，也可以找电台的朋友了解情况，还可以利用空闲时间查找各种音乐和音频平台的内容，确定哪些电台有相关的栏目。只要有这样的栏目存在，利用碎片化时间就能搜寻到房源信息。

技巧 043　贴条：根据客户需求寻找房源

【现实案例】

在整理客户的购房需求时，小侯忽然有了一个想法：既然客户的需求已经很清楚了，那为什么不根据客户的需求来开发房源呢？比如，可以用贴条来展示求购信息，让看到贴条的房东主动联系自己。只是这个贴条要怎么做？又该贴在哪里呢？

【要点展示】

借助贴条求购房源，实际上是把客户的需求展示出来，让满足需求的卖房者自动找上门。当然，要想让贴条求购房源更有效果，房产经纪人还需要做好以下两项工作。

❶ 清楚展示相关信息

房产经纪人在制作贴条内容时，需要将客户的需求和自己的联系方式等信息清楚地展示出来。这样，当满足需求的房东看到贴条后，才能第一时间与你取得联系。

❷ 选择贴条的展示区

贴条展示区的选择非常关键，只有将贴条展示在潜在客户经常路过的地方，才能让贴条起到作用。对此，房产经纪人可以将贴条展示在小区信息公示处、电梯附近和住户门口等位置，让小区里的住户快速地看到贴条内容。

第 5 章

开发客源：
获得更多的二手房客户

对于房产经纪人来说，获得的二手房客户越多，促成交易的可能性就越大，所以很多房产经纪人都会将客源的开发作为一项重要的工作。本章就来为大家讲解客源开发的技巧，帮助大家快速获得大量的二手房客户。

技巧 044 销售：通过专业的平台获得客户

【现实案例】

现在市场上有很多专业的二手房销售平台，很多人都会通过这些平台来查看、购买二手房。房产经纪人小张觉得，如果能将手中的房源信息发布到这些平台上，便可以获得很多客户。只是他不知道哪些平台是专业的二手房销售平台，以及怎样在这些平台上发布房源信息。

【要点展示】

房产经纪人可以将房源信息发布到专业的二手房销售平台，通过增加房源信息和自身信息的曝光量，快速获得精准客户。例如，房产经纪人可以通过如下操作，将房源信息发布至链家平台。

步骤 01 进入链家平台的官网默认页面并登录账号，单击"发布房源"按钮，如图 5-1 所示。

图 5-1 单击"发布房源"按钮

步骤 02 进入链家平台的"我要卖房"页面，房产经纪人可以在该页面设置房源的出售信息，如小区所在的城市、小区名称、房屋地址、期望的售价和手机号码等，并单击"提交委托"按钮，如图 5-2 所示。

步骤 03 提交委托之后，链家平台会对房源信息进行核对，确认房源信息无误后，即可在链家平台上出售二手房。

图 5-2　卖房者发布的出售信息

技巧 045　本地：通过服务性网站获得客户

【现实案例】

从事二手房销售一段时间之后，房产经纪人小周发现有的客户喜欢通过本地服务性网站查看信息。了解到这一点后，小周决定通过在本地服务性网站中发布房源信息来获得客户。

【要点展示】

很多本地服务性网站都提供了多种服务，其中一项服务就是房产销售。因此，房产经纪人可以借助本地服务性网站来发布房源信息，让更多附近的人成为你的客户。下面就以 58 同城这个网站为例，为大家讲解房源信息的发布方法。

步骤 01　进入 58 同城的官网"首页"页面并登录账号，单击"免费发布信息"按钮，如图 5-3 所示。

步骤 02　进入"58 同城"|"免费发布信息"页面，在该页面中依次选择"房产"和"二手房"选项，如图 5-4 所示。

步骤 03　进入 58 同城的小程序扫码登录页面，如图 5-5 所示。房产经纪人需要扫描页面中的二维码，进入微信小程序中进行操作。

图 5-3　单击"免费发布信息"按钮

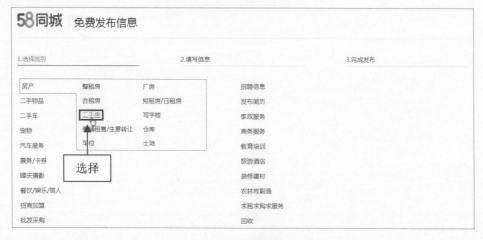

图 5-4　选择"二手房"选项

图 5-5　58 同城的小程序扫码登录页面

步骤 04　用微信扫码后，进入 58 同城租房二手房商铺新房买房小程序的"快速卖房"界面，如图 5-6 所示。房产经纪人需要在该界面填写二手房的相关信息，选中

"请确认你已阅读并接受《出售房源信息发布及交易服务协议》"复选框，然后点击"提交"按钮，提交二手房出售信息。58 同城对提交的二手房出售信息进行认证后，二手房出售信息便可展示在 58 同城中。

图 5-6　58 同城租房二手房商铺新房买房小程序的"快速卖房"界面

技巧 046　图文：通过发布信息获得客户

【现实案例】

在入职二手房销售之前，房产经纪人小马就在社交平台上看到过别人发布的二手房销售图文信息。他觉得这种发布二手房销售信息的方式可行性比较强，于是决定尝试通过微信朋友圈发布二手房销售的图文信息。

【要点展示】

房产经纪人可以将二手房的相关图片和文字内容发布到网上，通过发布的信息来获得潜在客户。例如，房产经纪人可以通过如下操作，将二手房的相关图文信息发布到微信朋友圈中。

步骤 01 进入微信 App 的"发现"界面，选择"朋友圈"选项，如图 5-7 所示。

步骤 02 进入微信朋友圈界面，点击界面右上方的 📷 按钮，如图 5-8 所示。

步骤 03 弹出一个对话框，从该对话框中选择图片的上传方式。以上传手机中拍摄好的二手房图片为例，只需选择"从手机相册选择"选项即可，如图 5-9 所示。

图 5-7　选择"朋友圈"选项

图 5-8　点击◉按钮

步骤 04　在弹出的"最近项目"界面中，选择要上传的图片，点击"完成"按钮，如图 5-10 所示。

图 5-9　选择"从手机相册选择"选项

图 5-10　点击"完成"按钮

步骤 05　进入朋友圈内容的编辑界面，输入文字内容，点击"发表"按钮，如图 5-11 所示。

步骤 06　执行操作后，即可将二手房图文信息发布至朋友圈中，如图 5-11 所示。

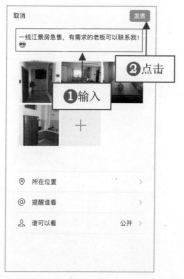

图 5-11　点击"发表"按钮　　图 5-12　将二手房图文信息发布至朋友圈中

技巧 047　视频：通过营销推广获得客户

【现实案例】

房产经纪人小郑觉得现在很多人在闲暇时间都会刷一下视频，比起图文内容，视频对客户更有吸引力。因此，他决定运营一个新媒体账号，并通过发布视频进行二手房的营销推广。

【要点展示】

现在许多视频平台上都聚集了大量的用户，房产经纪人可以尝试将二手房的营销推广视频发布到这些平台上，快速吸引潜在客户的目光。例如，房产经纪人可以通过如下操作，在快手平台上发布二手房营销推广视频。

步骤 01　进入快手 App 的"首页"界面，点击⊕按钮，如图 5-13 所示。

步骤 02　进入"随手拍"界面，在该界面中，房产经纪人可以选择直接拍摄视频或上传已拍摄好的视频。以上传拍摄好的视频为例，房产经纪人可以点击"相册"按钮，如图 5-14 所示。

步骤 03　弹出"最近项目"对话框，从该对话框中选择要上传的二手房营销推广视频，点击"下一步"按钮，如图 5-15 所示。

图 5-13　点击 ⊕ 按钮

图 5-14　点击"相册"按钮

步骤 04　进入视频的剪辑处理界面，房产经纪人可以在该界面中对视频进行调整，调整完成后，点击"下一步"按钮，如图 5-16 所示。

图 5-15　点击"下一步"按钮(1)

图 5-16　点击"下一步"按钮(2)

步骤 05　进入快手的视频发布界面，在该界面中输入文字内容，点击"发布"按钮，如图 5-17 所示。

步骤 06　执行操作后，如果"关注"界面中显示对应的视频，就说明二手房营销推广视频发布成功了，如图5-18所示。

图 5-17　点击"发布"按钮

图 5-18　二手房营销推广视频发布成功

技巧 048　直播：通过实时推广获得客户

【现实案例】

这几天在抖音 App 中，房产经纪人小向看到不少同行在直播中推广二手房。他觉得直播这种实时推广方式挺好的，不仅可以直接展示二手房，还能第一时间为潜在客户答疑解惑。因此，小向决定今天下午搞个直播试试水，看看效果怎么样。

【要点展示】

房产经纪人可以选择用户较多的平台开直播，并通过直播来推广手上的二手房。例如，房产经纪人可以通过如下操作，在抖音平台上开直播。

步骤 01　进入抖音 App 的"首页"界面，点击➕按钮，如图5-19所示。

步骤 02　进入"快拍"界面，点击右下方的"开直播"按钮，如图5-20所示。

步骤 03　进入"开直播"界面，在该界面中设置直播信息，点击"开始视频直播"按钮，如图5-21所示。

步骤 04　执行操作后，即可在抖音平台上进行直播，如图5-22所示。

图 5-19　点击■按钮

图 5-20　点击"开直播"按钮

图 5-21　点击"开始视频直播"按钮

图 5-22　在抖音平台上进行直播

技巧 049　地推：通过对面推广增加曝光量

【现实案例】

附近有很多房产机构，竞争很激烈，最近专门来找自己买卖二手房的人很少，所以房产经纪人小红准备通过推广来增加房源和自己的曝光量。看到有的门店在组织人手做地推，不知道效果怎么样，小红决定亲自尝试一下。

【要点展示】

地推就是地面推广，是通过派发宣传单、张贴宣传信息等方式进行推广，以增加产品、品牌(包括机构)和人物的曝光量。房产经纪人要想通过地推获得更多客源，还得熟练使用以下几种地推方法。

❶ 派发宣传单

房产经纪人可以将房源信息和个人介绍等内容，制作成一张宣传单，并通过派发宣传单的方式，让更多客户了解你。

❷ 张贴宣传信息

房产经纪人可以在客户经常路过的地方(如小区楼下、楼梯间、车库和固定的信息展示区域)张贴宣传信息，让更多客户看到你的宣传信息。通过该宣传信息，客户不仅可以了解某个房源，还可以与房产经纪人取得联系，查看更多房源信息。

❸ 设置专门的宣传点

房产经纪人可以在某些地方设置专门的宣传点，通过为客户答疑解惑，对自己和所在的机构进行营销推广。

❹ 站在店外主动揽客

房产经纪人可以在闲暇的时候，专门抽一些时间出来，站在店外招呼过往的行人，将有需求的客户邀请进店内详谈。

另外，在做地推的过程中，要想快速地获得更多客源，房产经纪人还需要注意 3 点，如图 5-23 所示。

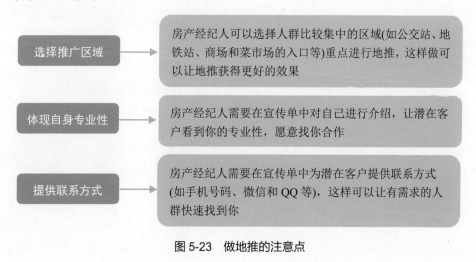

选择推广区域	→	房产经纪人可以选择人群比较集中的区域(如公交站、地铁站、商场和菜市场的入口等)重点进行地推，这样做可以让地推获得更好的效果
体现自身专业性	→	房产经纪人需要在宣传单中对自己进行介绍，让潜在客户看到你的专业性，愿意找你合作
提供联系方式	→	房产经纪人需要在宣传单中为潜在客户提供联系方式(如手机号码、微信和 QQ 等)，这样可以让有需求的人群快速找到你

图 5-23　做地推的注意点

以体现自身专业性为例，房产经纪人可以在宣传单中介绍自己手中拥有的房源和客源量，以及从业以来的二手房成交量，让客户一看就知道你拥有丰富的二手房销售经验，这样自然就会有更多客户愿意通过你买卖二手房。

技巧 050　店铺：通过门店推广获得客户

【现实案例】

小马听师傅说，有的客户会直接到门店中寻找合适的房产经纪人，所以如果能做好守店，有时候也可以获得一些客户。于是，这一天小马决定守在店里，看看效果怎么样。可是，虽然有不少客户进入店里，但是自己还没注意到，同事就已经迎上去了，一天下来他只接待了两位客户。

【要点展示】

有的客户认为买卖二手房这种事，还是直接到门店中去找房产经纪人进行沟通比较靠谱，再加上在门店中还可以快速查看在售的房源，所以有时候房产经纪人做好守店也能获得不少客户。具体来说，通过门店推广获得客户，需要重点做好以下 3 方面工作。

❶ 没事多守店

大多数房产销售门店的营业时间比较长，而客户则可能在其中的任意时间进门。因为有的门店开发客源各凭自己的本事，所以谁先接待客户，客户就是谁的。因此，守店的时间越长，房产经纪人获得的客户可能就越多。

当然，该外出工作的，还是要出去，而那些没必要外出的工作，可以留在守店时处理。例如，通过电脑和手机在网上开发客源、房源等工作，就可以选择在守店时处理。

❷ 要有眼力劲

在守店的过程中，房产经纪人一定要有眼力劲，把潜在客户尽可能地抢过来。当看到客户进来之后，一定要主动迎上去，主动进行沟通，这样可以让你接待到更多的客户。

另外，因为有的门店会将房源等推广信息展示在店门口等地方，所以可能有的客户会停下来看这些展示的信息。这就要求房产经纪人多观察，看到客户在看推广信息后，及时迎上去进行沟通。

❸ 记录好客户的信息

来门店的客户很多都是新客户，这就要求房产经纪人在沟通的过程中，及时记录好客户的信息，特别是客户的联系方式。这样才能更好地随时联系客户，将陌生人变成熟人。

技巧 051　搜寻：通过线下搜索获得客户

【现实案例】

房产经纪人小范发现有的客户会主动在线下发布二手房买卖信息，其中比较直接的就是张贴二手房的销售和求购信息。小范觉得，只要坚持做好线下搜索，也能快速获得一些客户，有时还能顺便获得一些房源。

【要点展示】

有的人觉得找房产经纪人买卖二手房比较麻烦，甚至对房产经纪人不太信任，他们通常在线下发布二手房买卖的相关信息。房产经纪人可以通过线下搜索，查看别人发布的二手房买卖信息，并从中筛选出潜在客户。具体来说，通过线下搜索获得客源时，房产经纪人需要把握好以下3点。

❶ 多做搜索

通过线下获得客源最直接、最简单的一种方法，就是借助跑盘搜索二手房买卖信息和潜在客户。房产经纪人可以在闲暇时多做一下搜索，不仅可以了解附近的信息，还能及时获取二手房买卖信息和潜在客户。

❷ 仔细观察

有的客户由于没有经验，不会将二手房买卖的信息张贴在公示栏等人流量比较大的地方，以至于难以被人发现。这就要求房产经纪人在搜索时尽量仔细，及时获取关键信息。

❸ 筛选信息

虽然很多人会将买卖二手房的信息通过贴纸等方式展示出来，但是并不是所有的二手房买卖信息都是潜在客户贴的，很多房产经纪人也会利用贴纸进行求购。这就要求房产经纪人在搜索时做好信息筛选，判断哪些信息是潜在客户贴的。

技巧 052　借势：借助他人的力量获得客户

【现实案例】

房产经纪人小高自己的力量有限，找了好久，也没找到多少客户，效率实在是太低了。师傅了解了他的情况后，给他提了一个建议："既然你觉得自己找客户效率低，那就发动一下关系网，让别人帮你啊！"

【要点展示】

很多时候，要想快速做成某一件事，可以适当地借助一下他人的力量，开发客源也是如此，房产经纪人可以让别人为自己服务。具体来说，房产经纪人可以借助以下人群获得更多客户。

❶ 亲戚朋友

每个人都有很多亲戚朋友，而且有的亲戚朋友还住在门店服务范围内，此时房产经纪人便可以适当地给亲戚朋友一些好处，让亲戚朋友将身边有买卖二手房需求的人介绍给你。

❷ 小区物业

在跑盘过程中，可能会接触很多小区的物业人员，房产经纪人可以和物业人员搞好关系，甚至可以与小区物业合作。这样，当小区内有人要买卖二手房时，物业人员就会及时联系你，或者将你的联系方式直接给潜在客户。

❸ 其他人群

除了亲戚朋友和小区物业人员外，房产经纪人还可以借助其他人群来开发客源。例如，平时自己也会进行各种消费，同一种类型的消费，可以定点两三个地方，一回生二回熟，慢慢地将商家维护成你的熟人圈，告诉他们你从事的行业，让他们将身边有房产需求的群体介绍给你。

第6章

店面接待：
把握住进店咨询的客户

很多客户觉得买卖二手房是一件大事，为了找到靠谱的房产经纪人，他们会进店咨询，此时房产经纪人如果能做好接待，就能将路人变成你的客户。本章就来讲解店面接待的技巧，帮助大家更好地把握住进店咨询的客户。

技巧 053   工作：面对面接待要做的工作

【现实案例】

这天下午只有房产经纪人小马和师傅在守店，店里来了一个客户，师傅示意让小马尝试独自接待客户。虽然之前见过师傅如何接待客户，但是小马心里还是没底，毕竟这是自己第一次独自做接待。如果你是小马，你会如何做好接待工作呢？

【要点展示】

通常来说，上门的客户对于买卖二手房的需求是比较强烈的，如果能够做好接待工作，并作出合适的推荐，就很有可能在短期内促成二手房交易。具体来说，对于上门的客户，房产经纪人可以重点做好以下 3 方面工作。

【工作 1】对客户进行必要的询问

在与上门客户沟通的过程中，房产经纪人可以通过必要的询问，有针对性地获取客户买卖二手房的相关信息，为之后的推荐做好准备。以与购房者沟通为例，房产经纪人可以通过询问，重点获取以下 10 个信息。

❶ 上门原因

通过询问，了解购房者上门的原因，弄清楚购房者是特意过来买房，还是刚好路过顺便进来看一下。

❷ 购房目的

通过询问购房者的购房用途，判断哪些二手房更适合他。例如，房产经纪人可以询问购房者："请问您是准备买房自己住，还是用于投资？"

❸ 购房预算

通过询问了解购房者的购买经验、用于购房的预算，判断购房者的购买力。例如，房产经纪人可以询问购房者："您这边计划的预算是多少？我先根据您的购房预算匹配适合的房子。"

❹ 居室选择

通过询问，了解购房者是否对二手房的居室有特定的要求。

❺ 地理位置

通过询问，了解购房者想买哪个地方的房子，对购房的区域是否有要求。例如，房产经纪人可以询问购房者："请问您想买哪里的房子？除了这个地方之外，还中意哪些小区的二手房呢？"

⑥ 家庭情况

通过询问购房者的家庭情况，从而判断什么样的房子更适合该购房者。例如，房产经纪人可以询问购房者："请问您孩子有多大，已经上学了吗？是否对学区房有需求？"

⑦ 购房偏好

通过询问，了解购房者对二手房是否有购买偏好，或者说对二手房是否有特殊的需求。

⑧ 购房方式

通过询问，确认购房者是全款购房，还是需要贷款购房。例如，房产经纪人可以询问购房者："请问您是计划全款购买，还是贷款购置？"

⑨ 购房急迫度

根据购房者的需求推送合适的房源，根据其看房积极性及意向房源洽谈积极性，来判断客户的购房急迫度。

⑩ 购房决策人

通过询问确定购房这件事是由购房者自己决定，还是需要听其他家庭成员的意见。例如，房产经纪人可以询问购房者："请问您这边看完之后，是否还需要您的家人再过来看一下？"

有时候，购房者对于某些提问可能不理解，房产经纪人需从专业的角度，给购房者解读自己为何会问这些问题，让购房者明白问问题不是为了探究他的隐私，而是根据他的实际情况，匹配更适合的房源，节约后期的沟通时间。

【工作 2】根据问题的答案作出推荐

对客户进行必要的询问之后，房产经纪人可以将问答内容作为客户的重要信息记录下来，同时还可以根据问题的答案进行推荐，让客户挑选到更合适的二手房，或为客户制定二手房销售方案。

【工作 3】留下客户的联系方式

不管自己作出的推荐有没有获得客户的认同，房产经纪人都要想办法将客户的联系方式留下来。当然，房产经纪人也可以将自己的名片递给客户，并告诉客户可以随时联系。

技巧 054　主动：将客户引导至正题上

【现实案例】

在做店面接待时，房产经纪人小周遇到了这样的客户：能说会道，不停地说话，但是很难说到正题上，一直不说出自己的需求。面对这种情况，小周决定主动出击，通过询问客户进行引导。

【要点展示】

在做店面接待时，房产经纪人需要通过沟通，了解客户的需求，这样才能更好地提供服务。当客户不停地说话但一直不说需求时，房产经纪人需要通过询问进行引导，将客户引导至正题上。在此过程中，房产经纪人需要重点做好以下两项工作。

❶ 及时引导

当沟通了一段时间，客户还没说到正题上时，房产经纪人要及时进行引导，把客户拉回来，让其把需求说出来。这样不仅可以提高沟通的效率，还能更好地为客户提供服务。

❷ 适度赞扬

在引导客户时，如果直接打断客户，让其说出需求，客户可能会觉得自己不被尊重。对此，房产经纪人可以在引导之前先铺垫一下，对客户进行适度的赞扬，表示对方说话很有意思，然后，再顺势说"差点把正事给忘了"，抛出询问其需求的问题。

技巧 055　忙碌：客户太多一时忙不过来

【现实案例】

某天店里的其他同事要么请假休息，要么外出工作，就剩下房产经纪人小胡一个人守店。这天下午两点半左右，接连来了 3 位客户，小胡有些忙不过来，也有点慌了，自己要怎么才能同时接待好这些客户呢？

【要点展示】

很多房产经纪人在守店时，都遇到过客户太多，一时忙不过来的情况。对于这种情况，房产经纪人需要先安排好等待的客户，让他们安心地等待，具体方法如下。

❶ 安排等待的客户先休息一下

在客户太多，有的客户只能排队等待时，房产经纪人可以先安排一下这些需要等待的客户。例如，可以先安排客户坐下，然后为其送上茶水和小吃等，让客户等待的时间也能有事可做。

❷ 时不时和等待的客户打个招呼

在与客户沟通时，房产经纪人可以时不时地给等待的客户打个招呼，或者给客户添一下茶水。这样，等待的客户就会明白，你是因为有事要做，脱不开身，而不会让这些客户觉得自己被忽视了。

技巧 056　委托：客户说是替朋友找房子

【现实案例】

某一天，房产经纪人小孙在守店时接待了一位客户，这位客户说自己是替朋友过来找房子的。小孙不知道他真的只是替朋友找房子，还是怕麻烦故意这么说的。面对这样的客户，小孙要如何做好接待工作呢？

【要点展示】

当客户说是朋友委托自己过来找房子的，房产经纪人也不好判断是真是假。不过，不管来的是购房者本人，还是购房者的委托人，房产经纪人在做店面接待时，都要把握好以下两点。

❶ 将客户当成购房者对待

不管与你沟通的客户是购房者，还是购房者的委托人，房产经纪人都要将其当成购房者对待，并用心地为其提供服务。切忌一听到客户是受人委托就轻视，因为无论是谁都可能会对买卖二手房有需求，轻视客户就等于赶走客户。

❷ 让客户获得更好的体验

在接待这类声称是受人委托过来找房子的客户，房产经纪人要尽可能地提高其体验感，让客户看到你的专业和用心。这样，如果客户就是购房者，那么他会对你更加信任；如果客户是委托人，那么他将自己的经历告知购房者后，购房者也会愿意找你买房。

技巧 057　指定：客户想找的同事辞职了

【现实案例】

在某天守店时，房产经纪人小周接待了一位客户，这位客户一进来就说要找小周的某位同事，甚至在没有找到这位房产经纪人时，客户还特意询问了一下。其实，小周的这位同事已经辞职了，但小周又不想让客户就这样走了，那么小周应该怎么做呢？

【要点展示】

部分客户可能此前与门店有过合作，所以会找之前合作过的房产经纪人。但是，距离上一次合作的时间比较长，所以之前合作的同事可能已经辞职了。面对这种情况，房产经纪人可以通过如下方法接待好进店的客户。

❶ 把客户引导至需求上

客户进店找辞职了的同事，说明他希望找自己信任的人买卖二手房。对此，房产经纪人可以在接待时将客户引导至其需求上，只要你能满足他的需求，客户自然会愿意找你买卖二手房。

❷ 借助同事拉近与客户的距离

客户之所以想找你的同事，主要就是对他有好感。此时，房产经纪人可以聊一些该同事的话题，并对同事的工作表示认可，这样做可以拉近与客户的距离，让客户更加信任你。

技巧058 人多：无法照顾客户带过来的人

【现实案例】

房产经纪人小郑在守店时店里来了很多人，经过询问才知道这些人都是熟人，只是购房者全家出动，并且把一些亲戚朋友也带过来了，所以人比较多。恰好这个时候，店里又只有小郑一个人，无法照顾到所有人，所以他不知道该怎么办。

【要点展示】

有的客户对于买卖二手房这件事比较重视，所以可能会带很多人进店与房产经纪人进行沟通。当房产经纪人无法完全照顾这些人时，可以重点做好以下两项工作。

❶ 重点和你的客户沟通

房产经纪人可以先通过简单的沟通，了解是谁要买卖二手房(也就是谁是你的客户)，然后重点与客户进行沟通，毕竟最终作决定的还是客户自己。当然，有时候客户带的人可能会提一些建议，房产经纪人可以先听着，看看客户的意见。

❷ 安排好客户带过来的人

虽然客户带过来的人可能作不了决定，但是毕竟也进店了，那就不能不管。对此，房产经纪人可以先招呼这些人坐下，然后给他们提供茶水和小吃等，让他们休息。

技巧059　熟悉：客户对房源很了解怎么办

【现实案例】

在某次做店面接待时，房产经纪人小红遇到了一位客户，这位客户对自己推荐的房源都很了解，甚至可以直接说出每个房源的优缺点。小红觉得这位顾客挺专业的，自己很难说服对方购买二手房，所以有点想放弃这个客户了。

【要点展示】

客户对房源很了解，可能是因为他需要购买二手房，所以特意花了很多时间去查看相关信息。这类客户对于购买二手房的需求通常比较急迫，房产经纪人在做店面接待时，只需重点做好以下两点即可。

❶ 引导客户进行购买

客户既然对房源比较了解，房产经纪人便可以减少对房源信息的介绍，重点为其介绍几个合适的二手房，并引导客户进行购买。例如，房产经纪人可以给客户推荐几个稀缺的房源，让客户明白错过了就很难再买到了。

❷ 刺激客户的购买欲望

客户对房源信息比较了解，却还没有下定购买的决心，很可能是因为还没有足够打动他的点。对此，房产经纪人可以结合二手房市场的形势，刺激客户的购买需求。例如，告诉客户二手房价格可能会上涨，如果过一段时间再买可能会吃亏。

技巧060　推荐：介绍房源引起客户的兴趣

【现实案例】

房产经纪人小赵在做店面接待时，为某位购房者推荐了多个房源，但是对方都不怎么感兴趣，小赵有点怀疑他并不是真的想买二手房。面对这样的客户，要如何介绍房源才能引起对方的兴趣呢？

【要点展示】

有时候做了很多推荐，客户都不满意，可能是你介绍的房源不能满足客户的需求。为了让介绍的房源对客户更有吸引力，房产经纪人需要做好以下两点。

❶ 通过询问了解客户的需求

很多客户对于要购买的二手房，都有一些特定的需求，那些无法满足自身需求的房源自然难以引起客户的兴趣。针对这一点，房产经纪人可以多询问客户，了解其需求，然后再推荐房源。

❷ 根据客户的反馈推荐房源

在为客户推荐房源时，如果客户不满意，房产经纪人可以根据客户的反馈，判断客户的需求，然后再进行推荐。这样，随着推荐的房源越来越多，房产经纪人介绍的房源自然会越来越贴近客户的需求。

技巧 061　房价：客户一上来就直接问价格

【现实案例】

某位购房者进店之后，看见店里只有房产经纪人小刘一个人，就主动与小刘进行沟通。当小刘介绍房源信息时，这位客户直接就问对应二手房的价格，好像除了价格，其他东西都不重要似的。对于这种客户，你该如何进行店面接待呢？

【要点展示】

客户一上来就问二手房的价格，可能只是随口一问，也可能是太看重价格因素了。在店面中接待这种客户时，房产经纪人要把握好以下两个要点。

❶ 先卖个关子

在没有介绍完二手房的相关信息之前，客户对二手房的了解有限，如果直接说出价格会让房产经纪人陷入被动。此时，房产经纪人可以先给客户卖个关子，等介绍完房子的详细信息之后，再说出价格。

❷ 快速转移话题

当客户询问二手房的价格时，房产经纪人可以快速转移话题，将客户的注意力引导至其他方面。例如，可以用惊讶的语气，介绍二手房的某个明显特征或优势，让客户注意到这个特征或优势。

技巧 062　话题：与客户无话可说时该怎么办

【现实案例】

房产经纪人小马在做店面接待时，会遇到没话题可聊，不知道要和客户说些什么的情况。但是，小马又觉得不先聊一些其他东西就直接进入主题，会显得太程序化，很难拉近与客户的距离。如果你遇到这种没话题可聊的情况，会怎么做呢？

【要点展示】

在做店面接待时，房产经纪人要主动一些，不能寄希望于客户抛出话题，拉近与你的距离。因此，为了更好地占据主动地位，房产经纪人要在做店面接待时准备好一些话题。具体来说，当不知道该说什么时，房产经纪人可以做好以下两点。

❶ 进行日常的寒暄

虽然进行日常的寒暄可能没有什么价值，但是不可否认的是，这种寒暄可以快速拉近你与客户之间的距离。而且因为你与熟人，甚至是完全陌生的人也会进行寒暄，所以在与客户寒暄时，也不会觉得太过尴尬。

❷ 准备一些热门的话题

一个话题能成为热门话题，就说明讨论的人很多。房产经纪人可以搜集每天出现在网络上的热门话题，以备在接待客户时使用。通常来说，这些热门话题，客户也会感兴趣，即便对这个话题不熟悉，客户也愿意了解一下。

技巧 063　电话：客户不想留联系方式时该怎么办

【现实案例】

房产经纪人小傅明白，在做店面接待时，要尽可能地留下客户的联系方式。可是，他给某位客户介绍了几个优质的房源，并多次询问其联系方式，该客户还是不肯说。面对这种情况，小傅该怎么做呢？

【要点展示】

对于房产经纪人来说，在做店面接待时，留下客户的联系方式是必须要做好的一件事。当询问了几次，客户还是不想留下联系方式时，房产经纪人可以通过以下两种方式进行劝说。

❶ 告知客户这是工作要求

有的门店会要求做店面接待的房产经纪人记录好客户的联系方式，当询问了多次，客户还是不愿意留下联系方式时，房产经纪人可以直接告知客户这是自己必须要做的工作，希望对方能够理解。

❷ 告诉客户这样做的好处

有的客户觉得留下联系方式，不仅没有好处，还会被房产经纪人骚扰。对此，房产经纪人可以告诉客户这样做的好处：当找到合适的房源，能第一时间找到他，这样客户买到优质房源的机会也更大。

技巧 064　好感：增加客户找你合作的可能性

【现实案例】

做了一段时间的店面接待之后，房产经纪人小李明白获得客户好感的重要性。如果能获得客户的好感，那么客户在买卖二手房时，就会认定你。但是，在守店时接待客户的时间比较有限，怎么做才能在有限的时间内获得客户的好感呢？

【要点展示】

很多房产经纪人之所以喜欢做店面接待，是因为能接触到更多新客户，并且通过在客户心中留下好感，让客户更愿意找自己合作。当然，房产经纪人要想在做店面接待时给客户留下好感，还得做好以下两点。

❶ 热情接待上门的客户

当客户上门之后，房产经纪人一定要礼貌地接待，让客户感受到你的热情。这不仅是房产经纪人的基本职业素养，还是必须要做好的工作之一。如果客户不能在上门时感受到你的热情，那么你在他的心中将难以留下好印象。

❷ 给予客户足够的尊重

在做店面接待时，房产经纪人要给予客户足够的尊重，让他觉得你很看重他的意见。例如，房产经纪人可以多询问客户的意见，并根据其意见进行下一步沟通，让客户觉得你时刻在围绕他服务。

技巧065　没房：客户询问没有的房源该怎么办

【现实案例】

房产经纪人小周在守店时，遇到了一个目标非常明确的客户，这个客户一上来就问某个房源的销售信息。小周知道这个房源昨天已经成交了，但是看到客户这么想买这个房源，一时之间也不知道该怎么办了。

【要点展示】

有的客户是有着明确目的进店咨询的，比较常见的就是部分购房者直接想要了解并购买某个房源。对于客户询问的已停止出售的房源，房产经纪人在做店面接待时，可以把握好以下两个要点。

❶ 委婉告知房源情况

当客户询问的房源门店内没有在售时，如果直接告知，客户可能就没有再谈下去的想法了。因此，在告知客户房源情况时，可以委婉一点，并且给客户一些建议，让客户愿意坐下来继续沟通。

❷ 介绍其他的优质房源

虽然客户咨询的某个房源没有了，但是门店内可能还有其他类似的房源。此时，房产经纪人便可以帮客户找到替代品，为其介绍其他优质的房源。只要这些房源能满足他的要求，客户自然也会有购买的想法。

技巧066　无视：客户对于你的询问不理不睬

【现实案例】

在做店面接待时，房产经纪人小马询问了某位客户多个问题，但是都被这位客户无视了。小马觉得无论自己说什么，对方都不理不睬的，要不是不想放弃这个客户，他都不想继续接待下去了。

【要点展示】

除了极个别的人之外，很少会有人无故对别人不理不睬的。当客户对你不理不睬时，房产经纪人需要了解客户无视你的原因，并想办法激发客户的聊天兴趣。

❶ 了解客户无视你的原因

一般来说，客户不会无缘无故无视你，所以当客户对你不理不睬时，房产经纪人要先想办法了解自己被无视的原因。到底是房产经纪人哪里没有做好得罪了客户，还是客户心情不好，抑或是其他的原因。

❷ 激发客户的聊天兴趣

了解了客户无视你的原因后，如果是你的过错，就要向客户道歉。如果是其他原因，则需要转移话题，先调整客户的情绪，激发客户的聊天兴趣，让沟通能顺利地进行下去。

第 7 章

高效沟通：
将陌生人变成你的客户

　　沟通是有技巧的，要想将陌生人变成客户，你得掌握一些策略，通过有效沟通来拉近彼此的距离，从而让对方信任你，等有买卖二手房需求时会专门找你。本章就来为大家讲解一些高效沟通的技巧，让大家更好地将陌生人变成自己的客户。

技巧 067　转悠：客户说就是随便看看

【现实案例】

某天小马正在守店，突然进来一个客户，小马迎上去正准备打招呼时，客户却说自己过来随便看看，不用管他。面对这样的客户，你会怎样与其进行沟通呢？

【要点展示】

有的客户为了不麻烦房产经纪人，进店之后可能会说自己就是想随便看看。对此，房产经纪人要懂得客户的心思，多站在客户的角度提供贴心的服务。具体来说，当客户说只是想随便看看时，房产经纪人使用以下 4 种方法与客户进行沟通。

❶ 主动询问客户

如果客户没有表现出反感情绪，房产经纪人可以适当地提高自身的积极性，主动为客户提供建议。如果客户有买房的想法，房产经纪人可以根据对方的需求推荐合适的房源。

❷ 随时准备应答

进入房产门店的人，基本可以分为两种，一种是购房者，另一种是卖房者。大多数人会真实地表达自己的想法，但也有少部分人会反向行之，明明是来卖房，却说是来买房的，担心自己卖亏因此来试探价格，我们要准备好这两种情况的回答方案。

❸ 陪伴客户左右

有的客户之所以对房产经纪人说自己想随便看看，主要就是怕对方会说个不停，影响自身的判断。不过，如果房产经纪人不管自己，客户又会觉得被冷落。因此，房产经纪人最好还是陪伴在客户左右，当客户对某个二手房感兴趣时，可以对该房源的具体信息进行介绍。

❹ 学会暗中观察

没有人会无缘无故来到店里，进店的人必有事情，只是对方想不想说的问题。如果不想说也没有关系，看他的目光落在哪里，俗话说眼睛是心灵的窗户，如果他的目光在某套房源上停留的时间很长，就说明他对这套房源感兴趣。

技巧 068　沉默：客户不愿意开口说话

【现实案例】

小周发现，有的客户不知道是性格内向，还是别的原因，会习惯性地保持沉默，不太愿意开口说话。面对这样的客户，你会怎样进行沟通，让客户主动开口呢？

【要点展示】

很多房产机构会通过店内的橱窗展示一些房源信息，有的客户会认真地从中查找自己感兴趣的信息，所以有时候会保持沉默。还有的客户可能习惯少说多做，不想说太多话。

房产经纪人要明白，客户保持沉默并不代表不想获得你提供的服务。所以，当客户在店内外查看信息时，即便态度有些冷淡，看上去不太想说话，房产经纪人也要主动上前进行沟通。

当然，为了更好地为客户服务，房产经纪人主动上前沟通之后需要根据客户的反应来调整沟通策略，具体如下。

❶ 客户面露微笑

这说明此时客户是需要房产经纪人提供服务的，客户之所以没有主动询问，可能是因为有些不好意思，或者是想先独自了解信息，等了解清楚了再询问。对于这样的客户，房产经纪人可以主动地进行服务。具体来说，可以先通过简单的询问，了解客户的需求，然后再根据其需求进行推荐，让客户的需求快速得到满足。

❷ 客户没有反应

如果房产经纪人主动上前沟通，客户却没有反应，说明客户对你主动提供服务并不拒绝。在这种情况下，房产经纪人可以继续介绍自己、自己所在的机构和房源信息等，并通过语言表达进行引导，了解客户的具体需求。如果询问一番之后，客户还是没有反应，或者表示不需要服务，房产经纪人则可以先停止沟通，以免让客户产生反感情绪。

❸ 客户表示拒绝

如果房产经纪人主动上前沟通，但是客户只听了个开头，就明确表示自己随便看看就可以，不需要房产经纪人进行介绍。那么，房产经纪人可以先对客户说，有需要可以随时进行询问，并暂时停止沟通。过了一段时间，客户还没有找你，房产经纪人可以再次主动上前进行沟通。如果客户仍然拒绝，房产经纪人就不要再去打扰客户了。

❹ 客户离开了

如果房产经纪人上前沟通，客户却什么都没说就要往外走，说明客户在门店逗留的过程中没有看到满足自身需求的信息，或者觉得二手房的价格与自己的预期有较大差距。对于这类客户，房产经纪人可以在其将要走出店门时，直接询问其需求，并表示自己可以为他提供服务。如果客户头也不回地继续往外走，房产经纪人可以为客户再次进店做努力。

例如，当客户头也不回地往外走时，房产经纪人可以站在店门口对客户说："欢迎下次光临。"如果觉得该客户比较有价值，房产经纪人可以跑过去给客户发一张名片，并对客户说："如果您有房产相关的任何需求，都可以随时联系我。"

技巧 069　冷淡：客户对什么都不感兴趣

【现实案例】

在工作过程中，小吕发现有的客户在沟通过程中表现得很冷淡，就好像你说什么他都不感兴趣似的。对于这种客户，小吕也没辙了，于是便向师傅请教。如果你是小吕的师傅，你会给出哪些建议呢？

【要点展示】

当客户态度冷淡时，房产经纪人可以通过沟通，判断客户是对你的推荐不感兴趣，还是他的性格比较冷淡，并借助沟通策略，引导客户转变态度，具体如下。

❶ 客户对你的推荐不感兴趣

当客户的态度比较冷淡时，房产经纪人可以直接询问客户，是不是对自己的推荐不感兴趣。如果客户给出的回答是肯定的，那么房产经纪人可以通过多问问题的方式来调动客户的积极性，从而更好地了解客户的需求。

销售高手或者沟通高手都有一个好习惯，就是开口前先搞清楚对方的兴趣点或者喜欢的话题。比如，房产经纪人可以察言观色，看客户目之所及，然后试探出对方买房或卖房最担心的问题是什么，再试着打开话闸，客户就更愿意与你沟通，进入你的沟通逻辑。

❷ 客户性格比较冷淡

有的客户不太喜欢表露自己的情绪，所以看上去有些冷淡。对于这样的客户，房产经纪人可以更积极、主动地与其进行沟通，等彼此的距离拉近之后，客户的态度可能就会发生变化。

例如，现实生活中有的人虽然话不太多，但是只要熟悉了，他就会主动与你进行沟通。因此，在面对性格比较冷淡的客户时，房产经纪人可以每天在相对固定的时间分别进行几次沟通，来拉近彼此的距离，让彼此变得熟悉起来。

技巧070　拒绝：客户接到电话就挂了

【现实案例】

小胡发现，有的客户接了电话之后，自己刚说了一句话，客户就把电话挂了。于是，小胡向师傅请教，怎样与这样的客户进行沟通。如果你是小胡的师傅，你会给他哪些建议呢？

【要点展示】

对于做销售的人来说，要养成一个习惯，即要厘清成交或不成交的原因，比如说某套房子成交了，你要知道成交的原因是什么；反之，如果某套房子你跟进很久，没有达成交易，那更要弄明白，为什么失败了。就这个主题情景，客户接到电话之后，马上就挂了，常见的原因有4个，如图7-1所示。

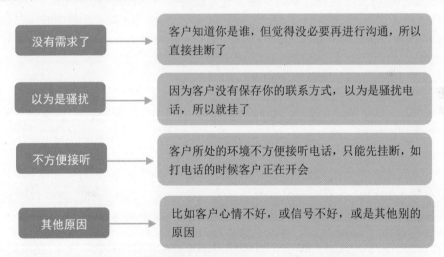

图7-1　客户接到你的电话之后马上就挂了的原因

如果只打了一次电话客户没有接，房产经纪人不要马上作出判断，因为此时客户挂断电话的实际原因可能和你的想法有一些出入。为了清楚地了解客户挂断电话的原因，房产经纪人需要认真思考，并结合客户的反应进行判断。确定客户挂断电话的原因之后，房产经纪人可以有针对性地制定策略，具体如下。

【原因1】没有需求了

如果客户没有买卖二手房的需求了，或者房产经纪人无法推荐自己满意的二手房，客户会觉得没有必要再沟通了。即使是这种情况，对于房产经纪人来说也是一种收获，因为我们经常会通过电话对客户进行"扫盘"，扫盘的目的是整理出有买卖需求的客户，如果能确定没有需求的客户量，自然可以反向推论出这个小区有需求的客户量。

【原因2】以为是骚扰

如果房产经纪人接连打了几个电话，客户都直接挂断了，那么客户可能没有保存你的联系方式，误把你的电话当成骚扰电话了。对于这种情况，房产经纪人可以通过发短信或微信的方式，向客户介绍自己是谁，能为他提供什么样的服务，让对方知道自己的身份和价值。这样，客户明白你的身份，接电话的概率就大大增加了。

【原因3】不方便接听

有时候客户所处的环境不方便接听电话，如果此时确定客户保存了你的联系方式，那么房产经纪人可以通过发短信的方式尝试与客户进行沟通。

如果你的短信发了很长时间客户都没有回复，房产经纪人可以暂停联系；如果你的短信发过去没多久客户就回复了，就尽量直接电话沟通，或申请添加微信并进行沟通。

【原因4】其他原因

换位思考，我们也有过心情不好谁的电话都不愿意接听的情况，也遇到过在特殊场地信号不好的情况，或者手上有其他更重要的事情在忙不方便接听电话。这个不是重点，重点是要想尽一切办法，探明他是否有买卖房子的需求。

例如，当连着几通电话都被客户挂断时，房产经纪人要尝试换个时间，选择一天当中大多数人都相对空闲的时间，然后通过短信、微信、QQ等社交软件与客户沟通，从客户买卖房子担心吃亏上当的角度切入话题，探明对方是否真的有需求。

技巧071　生气：沟通时客户不高兴了

【现实案例】

在与客户沟通的过程中，小王能明显感觉到客户情绪的变化。例如，可能前面还和客户有说有笑，只过了短短几十秒的时间，客户就变得有些生气了。如果你是小王，看到客户生气了，你会怎样与客户沟通呢？

【要点展示】

在与客户沟通的过程中，如果能够明显感到客户不高兴，房产经纪人一定要改变沟通策略，否则沟通将难以顺利地进行下去。具体来说，当客户不高兴时，房产经纪人可以采用以下两种沟通策略。

❶ 表达歉意

感觉到客户不高兴，而且意识到是自己讲错了话，那么房产经纪人一定要在第一时间表达歉意。这样即便客户心中不快，但看到你诚恳道歉之后，不高兴的情绪也会有所缓解。

❷ 转移话题

如果说道歉是正面的解决方案，那么转移话题就是迂回的解决方案。有的客户不高兴时，可能不会太在意你是否道歉，此时便可以转移话题，聊一些客户比较感兴趣的话题。这样，客户在聊新话题时，情绪自然会得到缓解。

技巧072　直接：客户一上来就问某个房源

【现实案例】

"师傅，我最近碰到几个这样的客户，他们一上来就直接问是否有某个房源在售。面对这样的客户，我应该怎么沟通呢？"如果你是这位房产经纪人的师傅，你会如何解答这个问题呢？

【要点展示】

当购房者问你是否有某套房源时，是因为他对该房源已经有了一定的了解，尽管答案只有两个，有或没有，但重点不在这里，你要在给出答案之前，想办法先了解对方问这个问题的动机，然后有针对性地进行回答，具体如下。

❶ 有房源

当房产经纪人的手中有该房源时，可以给出肯定的回答，并且称赞购房者的眼光好，现在有几个人都在犹豫是否要购买该二手房。这不仅可以让购房者留下来继续沟通，还能给购房者施加一些压力，促使购房者快速签订合同。

但重点不在这里，而是这个人既然了解该房源，大概率有其他房产经纪人在做他这个单子。你如何"虎口夺食"，抢到这单，让他与你合作才是重点。这时候，就是你亮明自己与其他经纪人差异化与优异化的价值时机了。

❷ 没有房源

当房产经纪人的手中没有该房源或者该房源已经卖出去时，可以重点给客户介绍其他同类房源，这时候，常用的做法有两种：一是讲解他看中的这套房源的缺点，特别是客户顾虑、担心的细节问题；二是推荐同类性价比更好的房源，紧扣购房者的需求，投其所好，进行精准式营销，说明性价比高的5～10个优点。

技巧 073　比价：客户找了多家中介对比

【现实案例】

有的客户在沟通过程中直接就说，其他房产中介的报价是多少。听到这里，小马马上明白，这个客户之前已经找其他房产中介了解过情况，现在找自己就是为了比价。如果你是小马，你会怎样和这种客户沟通呢？

【要点展示】

有的客户喜欢比价，凡事都想货比三家，了解市场情况。更何况二手房的价格少则几十万元，多则几百上千万元，这对于大多数家庭来说是很大一笔钱。所以，很多客户在买卖二手房时，都想通过比价来获得自己预期的价格，从而降低买房的价格或增加卖房的收益，这也是情理之中的事情。在与这类客户沟通时，房产经纪人可以使用以下策略。

❶ 客户要购买二手房

例如，房产经纪人可以结合客户的需求，为其推荐价格相对较低，或者卖房者急于出售的降价房源，然后通过与同类二手房价格进行对比，来突出推荐的二手房的价格优势。有时候购房者为了占据主动权，可能会说自己看过更便宜的二手房。对此，房产经纪人可以转换思路，重点展示你推荐的二手房的优势，让购房者明白这个二手房是物有所值的。

例如，有的购房者可能会说，他昨天看的一套房比房产经纪人推荐的这个二手房便宜了差不多 10 万元。此时，房产经纪人可以告知购房者，自己推荐的这个二手房不仅可以看到江景，而且房子比较新，交房才 1 年左右，所以它也是"贵得有理由的"。

❷ 客户要出售二手房

房产经纪人可以拿同类二手房举例，表示自己可以帮客户卖出较高的价格，而且还可以将自己抽取的佣金相对较低作为一个优势，让客户觉得和你合作可以省一些中介费。

例如，当客户要出售二手房时，房产经纪人可以举例说明，表示自己曾经用高出客户预期的价格，帮客户卖出过二手房。在讲解过程中，尽量把相关信息讲得具体一些，如二手房所在的小区、客户预期的价格和最终的出售价格等都要讲清楚，这样客户自然会觉得让你帮他卖房子是一个不错的选择。

客户进行货比三家，有时是在比价格，有时是在比品质，有时是在比其他细节，但比来比去，有一样东西，无论是对购房者，还是对卖房者，都非常需要，那就是成交的安全性。

对于那些货比三家的客户，你一定要找到一个从正面能够打动他的点，例如二手房的价格便宜。如果你的产品没有价格优势，你就要另辟蹊径，从客户的角度，找到其他影响成交或促进成交的因素。比如，根据马斯洛需求层次理论，你的服务或你提供的房源，在资金上可以更具有安全性，这对于其他存在风险的房源是一个非常致命的打击。

总之一句话：如果你想促成交易，要找到最能打动客户的那个亮点；如果你不想某套房源成交，就要找到让客户最担心、最恐惧的那个缺点，让他知晓。

技巧 074　挑剔：客户认为二手房有问题

【现实案例】

有的客户对二手房特别挑剔，即便是带看了 N 套二手房，还是能找出各种不满意的地方。小王知道这种客户对二手房的需求是比较强烈的，只是自己没有办法搞定，于是他便向师傅寻求解决方案。如果你是小王的师傅，你会给出怎样的建议呢？

【要点展示】

购房者对你推荐的房源表现出挑剔的态度是很正常的，毕竟谁都想买到自己中意的房子。当购房者对你推荐的房源表现出挑剔态度时，房产经纪人可以使用 4 种沟通策略提升购房者对房源的满意度，即解答购房者的各种问题、为购房者推荐高质量的房源、帮助购房者建立决策依据、将价格与问题相结合。

【策略 1】解答购房者的各种问题

当购房者认为你推荐的房源存在各种问题时，房产经纪人可以直接为购房者解答这些问题。通常来说，房源存在的问题主要集中在 4 个方面，如图 7-2 所示。

房产经纪人可以在与购房者沟通的过程中，了解购房者担心的是哪方面的问题，并制定对应的处理方案。

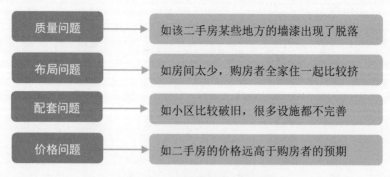

图 7-2　房源存在的主要问题

当购房者对二手房的质量和布局不满意时，房产经纪人可以选择部分存在小问题的地方举例说明，让购房者明白二手房没有大问题，只要通过装修调整一下就可以轻松解决。

当购房者对二手房的周边配套不满意时，房产经纪人可以结合二手房的建造时间进行解答，获得购房者的理解。例如，有的二手房因为建造得比较早，所以可能连电梯都没有。对此，房产经纪人在向购房者解释原因的同时，说明这种二手房的优势：楼层不是很高，爬楼梯不会很累，还能锻炼身体。

当购房者对二手房的价格不满意时，房产经纪人可以表示这只是业主的委托售价，还有议价的空间，而且自己会就价格问题与卖房者进行沟通，争取帮购房者以更低的价格购买到该房产。

【策略 2】为购房者推荐高质量的房源

如果房产经纪人连着推荐了几个房源，购房者都能找出很多问题，那么房产经纪人可以考虑直接为其推荐高质量的房源。与一般的房源相比，高质量的房源显得更完美一些，所以购房者能找出的问题会比较少。

而且如果购房者再挑毛病，房产经纪人也可以通过与其他房源相比来突出这些高质量房源的优势，并且表示这已经是少有的好房源了，如果还不满意，就很难买到合适的二手房了。

另外，这种高质量的房源价格也会比较高，所以购房者在了解了该房源与一般房源的价格差距时，会更加清楚市场行情。如果自己的预算有限，购房者即便对一般房源不太满意，也会决定购买。当然，在实际操作时，房产经纪人可以同时使用多个沟通策略，引导挑剔的购房者购买你推荐的二手房。

【策略 3】帮助购房者建立决策依据

这个世界上没有十全十美的东西，房子也不例外，有优点也有缺点，关键看取舍。既然是一道选择题，我们就帮购房者梳理一下他的核心需求，他买房最重要的指标是哪 5 个，排一下顺序，然后根据这些指标，给看过的房源进行排序，便知道哪一套是最适合他的。

【策略 4】将价格与问题相结合

大多数情况下，如果某个二手房能够被购房者找出各种问题，那么该二手房的价格相对来说会比较低。对此，房产经纪人可以通过二手房的价格优势来打动购房者，让购房者觉得它即便有一些问题，但是用这样的价格买到还是稳赚不赔的。这样，购房者自然会更愿意购买你推荐的二手房。

技巧 075　推荐：让客户对房源产生兴趣

【现实案例】

小胡知道，在与购房者沟通的过程中，为其推荐合适的房源，让购房者对房源产生兴趣是非常重要的，那么如何推荐房源才能达到事半功倍的效果呢？小胡带着这个问题找到了自己的师傅。如果你是小胡的师傅，你会教他怎么做呢？

【要点展示】

在推荐房源的过程中，房产经纪人要了解并讲解购房者关注的重点，只有这样购房者才会表现出足够的兴趣。具体来说，在向客户推荐房源时，房产经纪人可以使用以下沟通策略。

❶ 根据问题要答案

刚入行的新人会遇到各种各样的问题，比如前面所讲的客户说随便看看、客户只看不说、客户只看不买、客户接到电话就挂掉、房比三家、价比三家等，以及后面提到的一些问题，如一会嫌房子不好看、一会嫌弃价格不理想等，常常让我们许多新入行的经纪人感到困惑和迷茫，不知所措，难以向前推动。

其实，遇到问题是好事，因为只要将问题解决了，我们的能力就上升了一个台阶，而解决问题的好办法之一，就是换位思考。

❷ 根据兴趣进行匹配

通过询问的引导方式，让对方将兴趣点和需求点充分地表达出来，而我们要做的就是倾听、记录，然后根据对方的需求，匹配给他最适合的房源。一套房的成交，很多时候，不是一天两天的事，而是一个月两个月甚至是更久的事，销售的最高境界，不是销售房子，而是销售自己，那销售自己的什么呢？自然是房产方面的专业能力、擅于挖掘话题的沟通能力、不断在客户心中建立良好印象的执行能力等。

❸ 多说二手房的优势

有的房源本来是比较优质的，但是购房者却不一定能看到它的优势。对此，房产经纪人可以换位思考，将该房源的优点和购买该房源带来的好处讲出来。只要你说的好处能够打动购房者，他就可能对该房源产生兴趣。

❹ 从日常问题着手沟通

房产经纪人可以就日常的问题开始进行沟通，如询问客户来自哪里、今天过来用了多长时间、因为什么原因过来咨询等，只要第一个问题开了口，就可以从中扩展出其他问题。注意，对方多说什么，就紧扣什么来展开，他说得多是因为话题正中了他熟悉或擅长的领域。

回到与购房者的沟通上，我们要做的第一件事是打招呼，建立沟通上的联系。第二件事是询问，而且是通过一系列问题，去发现对方的需要，引导和刺激对方先说、多说，对方在某个点上老是不停地说，这便是他在意或感兴趣的点。

❺ 对客户进行有效引导

会沟通的高手，往往不是自己在那一味地说，而是有技巧地引导，从对方感兴趣的话题，引导对方不停地说，对方说得越多，我们对他的了解和需求就知道得越详细。

在沟通的过程中，为了让对方源源不断地说出所有需求或兴趣所在，可以在他说的内容中，找到一些点夸赞对方一番，这样对方会更高兴。这就规避了自己老是在说，而对方不说、不理睬的局面。

❻ 欲取之，必先予之

假设你是购房者，去某个门店看房，对方经纪人怎么才能引起你的兴趣呢？如果你觉得这个问题有点难，那我们先来一个简单的案例，假设你参加某个聚会，都是陌生人，如何才能与周围的人熟悉，打开话题呢？很简单，第一步，你肯定希望有人和你打个招呼，这会让你感到受到尊重，这种情况下，你也会礼貌回应。看，方法很简单，我们想得到什么，就先付出什么。

技巧 076　懂行：如何与老练的客户沟通

【现实案例】

有的客户对于二手房比较了解，再加上长时间生活在二手房源的附近，所以在与这类客户沟通时比较有压力。这一点小马就深有体会，在与这类老练的客户沟通时，他总是感觉被对方牵着鼻子走。如果你是小马的师傅，你会给他提哪些建议呢？

【要点展示】

如果客户长期生活在某个区域，那么他对该区域的人和事自然比较熟悉。有些客户甚至有多年、多套房的投资经验，在和这些客户沟通的过程中，房产经纪人可能会有些被动。

但是，房产经纪人必须得努力跟上对方的节奏，让对方觉得你并不是什么都不懂的门外汉，而是能够为对方买卖二手房提供实际价值的专业人员。在与这种客户沟通的过程中，房产经纪人要重点把握好以下3点。

❶ 跟上对方的节奏

如果客户说的是你没有听说过的话题，房产经纪人可以先应和一下，表示自己在认真倾听，并将对方所说的重要信息记录一下，方便时问问公司同事，或自己百度一下。

❷ 适时进行一些补充

每个人的知识都有限，如果客户说的话题你不太了解，可以在客户讲完之后，适当地补充一些你熟知的内容，做到互补，让客户看到你的专业性。如果实在没有补充的内容，就学会倾听和记录，引导和刺激对方多说，从而捕捉对方的购房要求、动机、性格等细节。

❸ 虚心向客户学习

遇到强势的客户，适当地多表扬对方的优秀和成功之处，表示要向他学习、取经。通常来说，人越是在高兴的时候，包容心就越强。

技巧 077　推荐：如何接待他人推荐的客户

【现实案例】

"师傅，有的客户是由其他客户推荐过来的，对于这样的客户，我们要怎样接待，做好沟通工作呢？"听到这个问题之后，如果你是这位房产经纪人的师傅，你会给出怎样的建议呢？

【要点展示】

通常来说，其他客户给你推荐客户主要有两个原因：一是与你的关系比较好，愿意帮你开发业务；二是和你有过愉快的合作，认为你是值得信赖的。所以，在正式接触之前，客户通常会对房产经纪人有比较好的印象。而房产经纪人要想拉近与这类客户之间的距离，获得其信任，也会更容易一些。

当然，在正式沟通时也是有技巧的，房产经纪人可以从 3 个角度切入，拉近与客户之间的距离，增加客户的信任感，具体如下。

【角度1】从被推荐客户的角度

因为房产经纪人和被推荐客户对于推荐客户都是有所了解的，所以房产经纪人可以将推荐客户作为一个桥梁，通过谈论与推荐客户相关的话题，来拉近与被推荐客户之间的距离。具体来说，房产经纪人可以重点谈论与推荐客户相关的 4 类话题，如图 7-3 所示。

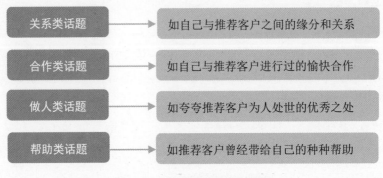

关系类话题 →	如自己与推荐客户之间的缘分和关系
合作类话题 →	如自己与推荐客户进行过的愉快合作
做人类话题 →	如夸夸推荐客户为人处世的优秀之处
帮助类话题 →	如推荐客户曾经带给自己的种种帮助

图 7-3　与推荐客户相关的话题

需要注意的是，在谈论推荐客户时，房产经纪人需要多谈论一些正面的内容，让被推荐客户觉得你与推荐客户的关系很好。另外，房产经纪人也可以通过与推荐客户产生联系来增强被推荐客户对你的信任。

例如，对于购买者，房产经纪人在沟通时可以说："您那位朋友(即推荐客户)购买的就是这种房型，他的眼光还是很不错的，这种房型是比较宜居的，不仅采光好，而且通风也很好，基本不太需要使用空调！"

【角度2】从自身专业的角度

虽然将推荐客户作为桥梁会更容易达成合作，但是买卖二手房涉及的金额比较大，所以被推荐客户会特别重视房产经纪人的专业程度，毕竟谁都希望能找到一个负责且专业的房产经纪人，这样能更快地帮自己买入或卖出二手房。如果觉得房产经纪人不够专业，被推荐客户可能会对合作充满担忧。

那么，房产经纪人要如何从自身专业的角度提升被推荐客户的信任感，从而拉近彼此的距离呢？对此，房产经纪人除了可以向被推荐客户讲述自身的从业经验、从业以来的成交量和客户好评率之外，还可以在沟通过程中提供专业的建议来树立专业的形象。

【角度 3】从日常沟通的角度

房产经纪人可以把被推荐客户当成一个好友，对其嘘寒问暖，并结合一些日常话题进行沟通，拉近彼此之间的距离。房产经纪人可以多与客户谈论一些比较热门或日常的话题，如天气、孩子的学习和平时的衣食住行等，让客户愿意与你沟通，提高双方的互动性。

当然，在沟通过程中，房产经纪人也可以尝试多使用一些昵称和尊称，这样可以让被推荐客户在感受到被尊重的同时，拉近彼此之间的距离。房产经纪人可以根据客户的姓氏、年龄、性别等因素，确定对客户的称呼。如与你年纪相仿的王姓男子，可以称其为"王哥"；若是王姓女子，可以称为"王姐"。

技巧 078　信任：客户担心被吃差价怎么办

【现实案例】

有的客户对房产经纪人不够信任，认为房产经纪人会从中吃差价。面对这样的客户，小马有些犯难了，于是便寻求师傅的帮助。如果你是他的师傅，会给出哪些建议呢？

【要点展示】

客户担心被吃差价，主要是因为对房产经纪人不够信任。所以，在与这类客户沟通的过程中，房产经纪人需要通过各种方法来获取其信任，只有这样，客户才会放下心来享受你提供的服务。当客户担心被吃差价时，房产经纪人可以通过以下两种方法取信客户。

❶ 提高客户的参与度

在帮客户买卖二手房的过程中，房产经纪人可以让客户参与各个环节，并及时将相关进度告知客户。这样，客户就会觉得你没有机会从中赚差价。例如，可以当着客户的面，给另一方打电话，并将免提打开，或者将议价的微信内容截图发给客户。做这些细节的目的只有一个，就是让客户信任你。

❷ 签订委托合同

对于客户来说，签订委托合同就是房产经纪人给出的一份承诺，签完合同之后，客户自然对你更加信任。而且房产经纪人还可以按照客户的要求，将合理的要求都写进合同中，让客户觉得自己的权益得到了保障。

技巧 079 危险：购房者觉得二手房不安全

【现实案例】

从事二手房销售一段时间之后，小侯发现有的人对二手房存有偏见，认为二手房交易很不安全。如果你面对的是这种对二手房交易持有怀疑态度的客户，你会如何进行沟通呢？

【要点展示】

由于对二手房不够了解，所以有的购房者认为二手房交易不安全，在面对这种购房者时，房产经纪人可以采取以下 3 种沟通策略。

❶ 展示成交情况

有的购房者觉得要买就买新房，完全没必要买二手房。其实，他们不知道的是，一个房子除了新旧之外，还有很多要关注的因素，而且现在越来越多的人开始购买二手房。房产经纪人不妨展示国内和门店二手房的成交情况，让购房者明白购买二手房已经成为越来越多人的选择。

❷ 举例进行说明

可能单独说二手房的成交情况，购买者很难产生代入感。对此，房产经纪人可以结合自身经验，将某个客户的购房经验作为案例(最好是选取原本打算购买新房，经过深思熟虑之后，还是购买了二手房的例子)进行说明。这样，购房者可能就会觉得购买二手房也是一种不错的选择。

❸ 展示公司的资质

通常来说，房产经纪人所在的门店都属于某个房产公司，而且很多房产公司也是有一定知名度的。对此，房产经纪人可以直接展示所属公司的相关资质和信息，增加购房者对你的信任度。

技巧 080 试探：判断客户是否喜欢某个房源

【现实案例】

在沟通过程中，如果确定购房者喜欢某个房源，那么便可以有针对性地进行推荐，增强客户的购买意愿，但是要如何试探客户是否喜欢某个房源呢？于是，小王向师傅请教这个问题。如果你是他的师傅，你会如何解答这个问题呢？

【要点展示】

在与客户沟通时，房产经纪人可以通过以下两种方法，来试探客户是否喜欢某个房源，以便更好地确定接下来的沟通方案。

❶ 直接询问意见

在带看之后，房产经纪人可以直接询问购房者的意见。例如，直接问："您觉得这个二手房怎么样？卖房者刚刚再问我，我好给他答复。"

❷ 引导客户给出答案

直接询问，客户可能不会给出确定的答案，此时房产经纪人便需要进行适当的引导。例如，房产经纪人可以说："刚刚我们看的这个二手房，有几个人都比较满意，有一个客户说周末找卖房者协商一下，如果满意就要交定金了。所以，如果您对这个二手房比较满意的话，需要尽快作出决定。"

第 8 章

心理分析：
牢牢抓住客户的关注点

在与客户打交道的过程中，如果不知道客户在想什么，就难以精准地把握他们的需求。本章讲解客户心理分析的方法，帮助大家牢牢抓住客户的关注点，提高二手房的成交率。

技巧 081　了解：客户购房的前期心理状态

【现实案例】

小马知道，每个人在做某一件事时，可以分为几个不同的时期，而且每个时期的心理状态都会有所不同。如果能够了解客户前期的心理状态，那么就可以抓住客户的关注点，更好地引导客户进行交易。可惜的是，对于客户前期的心理状态，他却不太了解。

【要点展示】

在不同的阶段，客户的心理会呈现出不同的状态。以购房者为例，其前期心理状态，即从对二手房不了解到考虑是否要买二手房，主要会经历以下 3 个阶段。

【阶段 1】意识到自己有需求

这个阶段，购房者会从对二手房了解甚少、没有购房需求，转变为开始接触二手房的相关信息，并意识到自己有购房需求。其中，比较常见的一种现象就是，购房者可能对二手房有一些偏见，即使要买房，也只会买新房，但是在了解了二手房之后，就会转变想法，觉得买二手房也是一种不错的选择。

在此过程中，房产经纪人需要做的就是，对二手房的相关知识，特别是购买二手房的好处进行介绍，让购房者觉得买一个二手房也挺好的。

例如，房产经纪人可以对购房者说："二手房比较显著的优势为房屋入住时间灵活、房屋交付安全有保障、周边及小区园林绿化配套交付有保障、区域及装修与否选择范围更大等。结合这些优势，二手房的综合性价比肯定要高于新房。"

【阶段 2】觉得并不是必须买

对二手房有了一定的了解之后，购房者虽然会觉得购买二手房是一种不错的选择，但并不认为必须要买二手房。因为在很多人看来，购买二手房有点像捡别人不要的东西，所以部分购房者会觉得购买二手房不够体面。

此时，房产经纪人要想办法转变购房者对二手房的看法，对于条件有限的购房者，房产经纪人还可以结合实际情况进行推荐，让其明白购买二手房是当前的最佳选择。

例如，有的购房者用于购房的资金有限，用这些资金很难买到满意的新房，此时房产经纪人便可以引导其购买二手房。房产经纪人可以对购房者说："您现在的预算，如果用来买新房的话，只能买到一个两居室的小房子，您家里人比较多，可能会住不下。但如果您买二手房的话，一切问题就迎刃而解了。"

【阶段3】认真考虑是否要买

认识到自身的需求和购买二手房的好处之后，部分购房者可能会认真考虑是否要购买二手房，甚至会让房产经纪人推荐合适的二手房。当然，这时候购房者只是觉得购买二手房对自己来说是比较明智的选择，但是也没有下定决心。因此，即便购房者表现出对某个二手房非常感兴趣，房产经纪人也不能放松警惕，因为可能还会存在一些变数。

在这种情况下，房产经纪人可以通过一些方法坚定购房者的购买决心，避免购房者口头答应，事后反悔。例如，当购房者对某个二手房表现出极大兴趣时，房产经纪人可以及时组织买卖双方进行协商，并引导双方签订交易合同。这样，一旦买卖双方完成合同签署，关于买卖的事宜便尘埃落定，客户再生变动的概率极低。

技巧082　分析：客户购房的后期心理变化

【现实案例】

"师傅，经历过前期心理变化之后，客户是不是就下定决心要买卖某个二手房了呢？"这是某个二手房销售新手向自己师傅询问的一个问题。如果你是他的师傅，你会如何回答呢？

【要点展示】

经历前期的心理变化之后，客户对于买二手房的需求会明显增加，但是能否让客户完成整个交易，房产经纪人还得把握其后期的心理变化，并适当地进行引导。以购房者为例，其后期心理变化主要会经历以下3个阶段。

【阶段1】临时改变之前的决定

受到种种因素的影响，部分购房者可能会临时改变之前的决定，并告知房产经纪人，他不想再购买之前谈好的二手房了。此时，很多房产经纪人可能会觉得购房者有些不地道，竟然临时反悔，有的房产经纪人甚至还会因此而闹情绪。

其实，这完全没必要，购房者的想法出现变化是一个很正常的现象，房产经纪人只需正确地引导，让其意识到反悔不是一个明智的选择，购房者的购买决心就会变得更加坚定。

例如，房产经纪人可以对购房者说："我们好不容易选到了合适的二手房，而且基本都谈妥了，现在改变主意的话，可能不是很好。您想想看，如果要重新找房子，再和卖房者协商价格及其他需要注意的事项，肯定会占用更多的精力和时间。"

【阶段2】不买会出现不利影响

改变之前的决定之后，购房者也明白不买之前谈好的二手房会对自己产生一些不利的影响，不过购房者的心理还是会有一些摇摆，他会权衡不购买该二手房的利弊，并据此决定接下来的行动。如果弊大于利，可能直接就反悔了；如果利大于弊，就会继续进行交易。

此时，购房者看到的不利影响可能只是一些表面上的，觉得反悔了也没有多大的损失。对此，房产经纪人可以告知购房者，不买该二手房会产生一系列影响，让其意识到这样做得不偿失。

例如，房产经纪人可以告知购房者，如果反悔了，不仅以后很难用同样的价格购买到这么好的房源，而且之前交的定金也不能退回，还得根据交易合同对卖房者进行相关赔偿。购房者就会明白，反悔的代价太大了，还是按照合同进行交易比较好。

【阶段3】下定决心要买二手房

经历了上述阶段之后，部分购房者就会下定决心要购买二手房。当然，此时购房者也只是决定要购买二手房，而不是一定要购买房产经纪人之前推荐的二手房。毕竟有的购房者可能不惜违约，也不想购买某个二手房。

这种情况下，购房者的购买意愿是非常强烈的，房产经纪人只要进行正确引导，让购房者挑选到满意的二手房，那么成交的概率是很大的。因此，房产经纪人一定要抓住机会，而不能因为购房者有些挑剔就轻易放弃。房产经纪人要知道，只要多一些耐心，就可能促成一笔交易。

技巧083 揣摩：摸准购房者的真实需求

【现实案例】

房产经纪人小周曾经出现过这样的情况：在接待客户时，直接将自己认为比较好的几个房源进行了详细的介绍，并表示如果客户愿意的话，随时都可以去看房。但是，客户对他介绍的这些房源根本就不感兴趣。你觉得，小周可能在哪个环节出了问题呢？

【要点展示】

买房的原因能从一定程度上反映出购房者的需求，如有的购房者是为了方便孩子上学才买房的，因此他需要购买的是学区房。当然，有的购房者可能不太愿意透露真实的购房原因，所以有时候房产经纪人还得在沟通过程中对购房者的心理进行揣摩。具体来说，在了解和识别购房者的购房原因时，房产经纪人需要想办法解答以下两个问题。

【问题1】购房者为何不愿意说出需求

虽然有购房需求，但是有的购房者并不愿意主动将自己的需求告知房产经纪人，主要有3个原因，如图8-1所示。

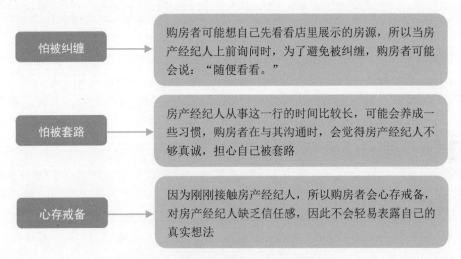

图8-1　购房者不愿意说出需求的原因

【问题2】如何让购房者说出真实需求

即便购房者不愿意说出自己的需求，房产经纪人也要想办法了解其真实需求。只有这样，房产经纪人才能为购房者推荐合适的房源，提高二手房的转化率。那么，如何让购房者说出自己的真实需求呢？下面就来介绍3种常见的方法。

❶ 直接询问法

开门见山，询问购房者买房的原因和具体需求，大多数情况下，他们都会告诉你。这个时候，一定要打开手机记事本，记下购房者的需求，特别是有多重需求的人，比如直接询问购房者，购房时比较注意哪些方面的需求，然后将这些需求一一记下。

❷ 间接分析法

如果购房者不愿意说出真实需求，我们问他也不会说的，因为他存了戒心，但有一点，他总会提一些要求或建议，这时候就需要我们更加用心，用手机记事本记下每一次带他看房的经历，回店后综合他所有的信息做一个分析。

❸ 否定观察法

在带看的过程中，购房者一定会说这套房不好，那套房不合适。房产经纪人要用手机记事本记下这些信息，观言察行，从否定的房源来判断出他的购房需求。例如，有些购房者可能对面积的需求不清楚，我们可以推荐多套面积不同的房源，从否定的面积中，揣摩出他心里能够接受的真实面积。

技巧084　寻找：明白卖房者的出售原因

【现实案例】

小侯认为，卖房者的出售原因有时候对二手房的成交效率会产生显著影响，如果能够明白卖房者的出售原因，就可以有针对性地进行引导，促成交易。但是，要怎样寻找卖房者的出售原因呢？一时之间，他也没有什么好办法。

【要点展示】

对于房产经纪人来说，卖房者来委托你卖房，也需要你持续对其提供服务。此时房产经纪人不仅要站在卖房者的角度进行思考，了解卖房者为何要卖房，最关键的是，对方这个需求的强弱，对于后面成交的时间、速度，以及价格都至关重要，下面分别进行讲解。

❶ 明白卖房者的想法

通过与卖房者详细沟通了解其售房动机，明白卖房者的真实想法，从而想其所想，更好地为其提供服务。例如，当客户因为急需资金周转而出售房产时，房产经纪人可以在营销推广时突出"低价急售"，吸引更多人关注此房。

❷ 需求强弱影响成交

卖房的真实原因，是我们分析客户最重要的心理依据，以及后面谈价的筹码。例如，卖房者如果是因为缺钱，他越急着用钱，就会越急着卖，这时候，他就会在价格上让步越大，成交的速度就越快；反之，如果他不缺钱，或者是不急着出售，那价格上就越不会让步，成交的速度就越慢。

技巧085　疑虑：购房者怎么挑都不满意

【现实案例】

小姜曾经遇到过这样的情况：有的购房者在购买二手房时有很多疑虑，看了大半天二手房也没有找到满意的，总是在鸡蛋里面挑骨头。如果你是小姜，你觉得这种客户心里是怎么想的？又该如何进行引导呢？

【要点展示】

购买二手房对于大多数人来说是一件大事，购房者慎重一点是很正常的，只是有的购房者可能过于慎重，所以显得有各种疑虑。面对这种购房者时，房产经纪人要在消除其疑虑的同时，通过一些语言进行引导，让购房者下定购买的决心，具体操作技巧如下。

【技巧 1】了解原因，针对解答

购房者挑来挑去都不满意，有以下两方面的原因。

❶ 不够理想

经纪人推荐的房源，确实没有达到购房者心中的预期或者理想状态，这时候该怎么办？从实战经验来看，沟通是解决很多问题的良策，找个购房者充裕的时间，开门见山，问明购房者心中理想的房子，列出一些具体的指标，比如地段要求、面积大小、户型朝向、小区配套设施等。

一定要用笔将这些指标记下来，这是购房者对他未来房子的具体画像。如果将我们给购房者找房子比喻成射箭，那这个画像就是我们射箭的靶心，有了靶心就等于有了精准定位和方向，接下来只要据此寻找适合购房者的理想房源就行了。

❷ 不知所终

有时购房者也不知道自己想买一套什么样的房子，所以老是看不中我们推荐的房源，这时候，最重要的就是帮助购房者梳理他内心的需求，他买房的动机是什么，具体要求是什么，一共几个人住，分别是什么年龄段的人住，彼此的关系是什么，每个人的兴趣爱好是什么，我们要帮助他找到射箭的清晰"靶心"，将需求根据重要程度进行排序，给他匹配最适合的房源。

这样房产经纪人才不会跟着迷茫的购房者，将时间浪费在远离"靶心"的房源上。否则，不仅双方都累，而且还会互相埋怨，经纪人会埋怨购房者太挑剔，而购房者则会认为房产经纪人推荐的房源都不合适，最后两败俱伤。

房产经纪人最怕的不是挑剔的客户，而是不诚心的客户。俗话说：嫌货人才是买货人。只要是诚心想买房的购房者，我们可以解答他无数的问题、陪他走上百里的路，以及帮助他梳理需求找到理想的房源，只要最后能成交，那一切都是值得的。最怕的是没有同理心、没有道德感的客户，前面所有的事情你都帮他做了，最后签单的时候他却找了别人。

【技巧 2】解疑答惑，获取信任

如果购房者选择二手房时显得过分疑虑，房产经纪人可以通过做好两点，引导购房者完成二手房的选购，如图 8-2 所示。

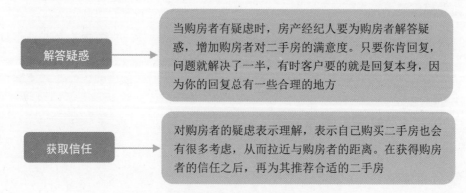

图 8-2 解答疑惑并获取购房者信任的方法

例如，有的购房者可能会对二手房的价格有疑虑，觉得花上百万元买二手房太不值得。房产经纪人可以对购房者的想法表示理解，毕竟这个价格也可以买到新房。这样，购房者会觉得你站在他的角度在想问题，你们之间的距离自然就拉近了。

当然，在表示理解的同时，房产经纪人还要适当地进行引导，给购房者一个购房理由。例如，将同样的资金购买到的二手房和新房的面积进行对比，让购房者觉得购买二手房的性价比更高，比如周围配套更成熟、交房入住时间更快等。

【技巧 3】百里理论、百问耐心

过分疑虑的人，是因为性格比较谨慎，考虑问题时比一般人想得多、想得细、想得全，他不仅买房子是这样，做其他事也是这样。这类人的做事风格，很多刚入行的新人会受不了，觉得这样的人太难搞定了，甚至会认为这类人不是诚心想买房，多数新手经纪会选择放弃。

作为过来人，应付这一类客户最好的办法，就是比他们考虑问题还多、还细、还全，比他们更有耐心，长久相处下来，他们便会认同你、信任你。如果你嫌烦，中途放弃，他们会认为你不专业，也没耐心，便不再信任你，会立即换掉你，找其他房产经纪人来接手。具体来说，房产经纪人可以通过如下方法做好深入的分析。

❶ 百里理论

所谓"百里理论"，就是假定每个购房者从找你开始，接下来犹如走路，有的购房者你陪他走了 20 里就成交了，有的购房者需要陪他走 50 里才成交，有的购房者则需要陪他走 80 里或 100 里才能成交。

关键的是，许多新手房产经纪人陪购房者走了几十里路，便慢慢放弃了，只有"剩者为王"，一路上坚持不停，陪着客户走了百里的人，才能"修成正果"成功地签下这个客户的单。如果一开始，你就有陪伴客户走 120 里或者 200 里的决心，你的成交率一定会高很多。

❷ 百问耐心

有一个成交理论叫"百问耐心"，你是否细心统计过，你之前成交的客户，从认识你开始到成功签单，一共问过你多少个问题？有的是 30 个，有的是 60 个，有的是 90 个。

你会发现，在大多数情况下，客户问得越多就代表越有诚意，他们为什么要问，是因为想成交时发现了新的问题。这时候，你一定要有耐心，如果对方想问 100 个问题，你要准备回答 120 个问题的耐心。这样，你的成交率会比没有耐心回答 100 个问题的人高出很多。

技巧 086　价格：客户觉得二手房太贵了

【现实案例】

二手房销售新手小毕曾经遇到过这样的情况：购房者一眼就看中了某套二手房，结果却因为价格太高而放弃了。面对这种情况，房产经纪人要怎样增加购房者的购买意愿，提高二手房的成交率呢？

【要点展示】

有的购房者对市场行情缺乏准确的认知，所以他们的心理价位往往会低于市场价。对此，房产经纪人可以通过如下方法让购房者了解市场行情和对应二手房的价值。

❶ 让购房者了解行情

房产经纪人通过向购房者展示同类二手房的价格，让购房者了解市场的基本行情。这样，购房者可能就不会觉得房子的标价太高了。

例如，房产经纪人可以向购房者展示附近类似房源的标价和成交价，如果这些房源的标价和成交价都明显高于你推荐的二手房的价格，那么购房者便会明白该二手房的价格是合理的。

❷ 通过成交让购房者反思

有些购房者比较固执，如果他认为某房源的价格高了，只有他中意的那套房被别人很快买走后，他才会去反思，自己出的价是不是真的低了？根据对人性的了解，人一般在这 6 个时刻才会清醒：遇到挫折时、遭受失败后、重病缠身时、撞到南墙后、大祸临头时、东窗事发后。

❸ 体现出二手房的价值

向用户介绍二手房的各种优势，从而让购房者将关注点从价格转移到价值上，让其觉得二手房是物超所值的。

技巧087　未售：卖房者表现出不满情绪

【现实案例】

小吴手上有这么一套房源，推广信息发出去好几个星期了，却没几个人来咨询，但是卖房者又想尽快售出。于是，某一天在听到还是没有人想要购买这套二手房时，卖房者表现出了不满的情绪。如果你是小吴，你会怎么处理这种情况呢？

【要点展示】

从事二手房行业一段时间之后，房产经纪人便会明白：卖出去的不一定都是优质的房源，但卖不出去的房源通常存在着一些问题。如果卖房者的房子挂了很久还没卖出去，房产经纪人可以为卖房者分析一下原因。通常来说，房子挂了很久还没卖出去主要有 4 个原因，如图 8-3 所示。

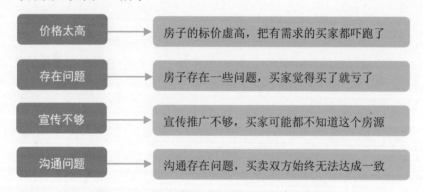

价格太高	→	房子的标价虚高，把有需求的买家都吓跑了
存在问题	→	房子存在一些问题，买家觉得买了就亏了
宣传不够	→	宣传推广不够，买家可能都不知道这个房源
沟通问题	→	沟通存在问题，买卖双方始终无法达成一致

图 8-3　房子挂了很久还没卖出去的主要原因

卖房者之所以会生出不满情绪，主要是因为房子挂了很久还没有卖出去，他心里有些着急了。而且有的卖房者可能之前也不急着用钱，所以没卖出去也觉得无所谓，但是现在急需用钱了，就希望房子能快点卖出去。因此，了解了房子没有卖出去的原因之后，房产经纪人需要为卖房者寻找策略，让房子快点卖出去。

如果确定是房子的标价有些虚高，房产经纪人可以将同类房源的价格展示出来，让卖房者明白他的二手房价格需要进行一些调整。当卖房者对比价格之后会发现价格标高了，如果他急着将房子卖出去，那么自然愿意调整二手房的标价。当然，为了保护卖房者的利益，降价也要适度，否则卖房者可能会吃亏。

如果有多个买家反馈二手房存在各种问题，那么房产经纪人一定要及时告知卖房者。这样，卖房者只要解决这些问题，或者通过降价来增加吸引力，二手房自然容易卖出去。

如果是对二手房的宣传推广不够，那么房产经纪人需要通过线上线下多个渠道，对该二手房进行营销推广，增加其曝光量。随着曝光量的增加，附近对该二手房感兴趣的人会越来越多，二手房自然会更快被卖出去。

如果是因为沟通存在问题，房产经纪人需要具体分析是哪个环节出了问题。通常来说，沟通问题主要出现在 3 个环节，如图 8-4 所示。找到沟通问题出现的环节之后，房产经纪人需要找到对应的解决方法，让沟通变得顺畅起来。

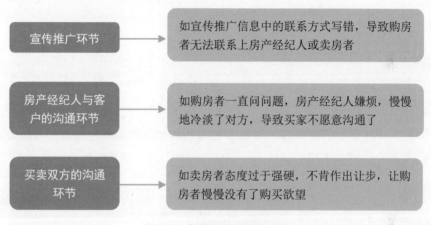

图 8-4　沟通出现问题的环节

技巧 088　风险：购房者觉得交易不安全

【现实案例】

有的客户，特别是购房者，总是觉得二手房交易不安全，所以即便沟通了很久，还是看不到成交的希望。如果你面对的是这样的购房者，你会怎样做让其相信二手房交易是很安全的呢？

【要点展示】

部分购房者认为购买二手房需要花很多钱，而且如果卖房者不讲信用，自己花了钱可能还不能如期拿到二手房。对于这类担心会出现资金风险的购房者，房产经纪人要想办法为其提供保障。只要保障到位了，让购房者觉得花了钱就能拿到房，那么购房者自然会愿意下单购买二手房。对此，房产经纪人可以通过以下 4 种方法为购房者提供一些保障，让购房者放心地购买二手房。

❶ 签订委托协议

房产经纪人可以和购房者签订委托协议，并且在协议中明确指出，只有购房者拿到了二手房，自己才能获得佣金。这样，购房者就会觉得房产经纪人为了能拿到佣金，一定会帮自己拿到房子，而自己的资金风险自然就会变小。

❷ 拟定买卖协议

房产经纪人可以帮买卖双方拟定二手房买卖协议，在协议中写明购房者向卖房者支付对应的资金即可获得房屋的所有权，并且让购房者和卖房者在协议上签字，让协议具有法律效力。

❸ 按阶段分几次支付

买卖双方约定各阶段的支付比例，如签订合同付多少比例、房产过户付多少比例、房屋交接后付多少比例，且在合同中说明违约要承担的法律责任与经济责任。

❹ 资金托管在第三方

如果买卖双方都不信任对方，可以将钱委托给第三方机构，如房产经纪公司、双方都信任的某个银行。

技巧 089　房贷：卖房者要求代为还款

【现实案例】

小胡带着购房者看了几天房子，购房者好不容易看中一个二手房，结果卖房者却说这个二手房还未还清房贷，如果要买就得代为还款。如果你碰到这种情况，该怎么处理？

【要点展示】

卖房者要求购房者代为还款，可能是觉得自己拿到购买二手房的款项之后，还要每个月将房贷的款项汇给银行，这样一来一去有些麻烦。对于卖房者的代为还款要求，房产经纪人可以根据购房者的意愿制定解决方案，具体如下。

❶ 购房者愿意代为还款

如果购房者愿意帮卖房者还房贷，房产经纪人需要在二手房交易合同中，写明购房者自愿帮卖房者还房贷，并且写明扣除房贷之外，购房者需要给卖房者支付的相关款项。

❷ 购房者不愿意代为还款

如果购房者不愿意帮卖房者还房贷，房产经纪人需要尽量撮合，让双方达成交易。当确定购房者以不帮卖房者还房贷的方式购买二手房时，房产经纪人要在交易合同中写明购房者只支付购买二手房的款项，不负责偿还卖房者的房贷。

❸ 寻找第三方垫资公司

如果购房者不愿意帮卖房者还款，可以帮他们寻找合法的、安全的第三方财务公司进行垫付，不过他们会按天收取一定的利息。

技巧 090　选择：为客户提供几个选项

【现实案例】

最近，小刘有些迷茫了，他在每次与客户接触之前都精心准备了，也根据自己掌握的信息进行了介绍，但是客户非但不买账，还在问是不是还有其他可以推荐的房源，这是为什么呢？

【要点展示】

一味地给出推荐，却不留选择的余地，会让人觉得你就是为了要卖出某套房，这样做客户是不会买账的。因此，在与客户接触时，房产经纪人可以适当地给客户一些选择，让客户觉得选择权在他手中。具体来说，在给客户提供选择时，房产经纪人需要做好以下两点。

❶ 根据客户需求提供选项

给客户提供选择，并不是胡乱地提供几个选项，而是要根据客户的需求来确定可以选择的范围。例如，购房者说出自己的需求之后，房产经纪人可以先筛选出合适的二手房，然后将这些二手房的基本信息发送给购房者，让其决定要看哪些二手房、先看哪个二手房。

❷ 引导客户做出选择

给出选项之后，房产经纪人需要引导客户作出选择，这样才能更好地进行下一步工作。例如，房产经纪人可以对客户说："您看这几种方案，哪一种比较适合呢？我好根据您的选择作出安排。"

如果客户没有给出准确的答案，房产经纪人还可以询问客户："如果您还有其他想法或者方案，可以跟我说，我可以帮您看一下是否能实现。"

技巧 091 洞察：从细节处观察你的客户

【现实案例】

师傅说："小吴啊，我们在接待客户的时候，可以多从细节处观察一下，有时候通过细节就能看出客户心中的想法。"小吴觉得师傅的话很有道理，但是要怎样从细节观察客户呢？

【要点展示】

细节可以透露出很多信息，从一个人的某些细节中，我们甚至可以分析出其心中所想。所以，在与客户接触时，房产经纪人需要多从细节处观察客户，并根据细节作出反应，具体方法如下。

❶ 多观察客户

细节往往出现在不经意中，如果不太注意，可能有时候还发现不了。所以，在与客户接触的过程中，房产经纪人要多观察客户的行为，这样才能更好地发现一些有用的细节。

❷ 记住细节行为

发现对自己有用的细节之后，一定要想办法记下来。最好的办法是用笔或者电子文档，将客户的细节行为记录下来，即便在与客户接触时不方便记录，也可以等当日工作结束后，再做一个总结。

❸ 根据细节进行回应

既然发现了有用处的细节行为，那就要根据细节行为进行回应，让你的工作更加符合客户心中所想。当然，房产经纪人也可以选择合适的时间，再根据细节进行回应。例如，在看房的时候，发现客户对某一方面比较在意，就可以对该方面进行重点介绍，或者为客户推荐在该方面比较有优势的二手房。

技巧 092 从众：借助群体行为引导客户

【现实案例】

小胡在日常工作中，发现了这样一群客户：他们很在意别人是怎么做的，就好像某件事只要一群人在做，那这件事就是对的。面对这样的客户，我们应该如何利用其心理做好二手房销售呢？

从众心理即个人受外界的影响，认为外界的行为就是适应当时情景的选择，所以为了保持与绝大部分人行为的一致，会参照他人的行为调整自身行为。在从众心理的影响下，当人们看到他人的行为之后，会将此行为视为他人根据某一事实作出的最佳选择。具体来说，房产经纪人可以使用以下策略，借助从众心理引导客户。

❶ 用群体数据说话

对于受从众心理影响的客户，房产经纪人可以利用群体数据说话，让客户明白很多人都是这么做的，这样，客户看到数据之后，就会对房产经纪人多一分信任。例如，当客户比较中意某个二手房时，房产经纪人可以将近期该二手房的带看数据列出来，让客户明白不抓紧时间，这个房子可能就会被别人买走了。

❷ 举例进行具体说明

有时候，只用数据进行说明，客户可能难以感同身受。此时，房产经纪人便可以举其他客户的例子进行说明，更好地引导客户作出决定。

技巧 093　逆反：让客户激动的心平静下来

【现实案例】

小马觉得有的客户很奇怪，你说什么都不听，就想反着来，就像一个叛逆的孩子似的，总是跟你唱反调。对于这样的客户，小马实在是没有办法了，于是就去请教自己的师傅。如果你是他的师傅，你会给他支哪些招呢？

【要点展示】

逆反心理即当一方就某事提出建议、看法时，另一方为了所谓的自尊或标新立异，采取相反的行为或动作的一种心理。虽然大多数客户心智比较成熟，能够控制自己的情绪，但是仍有一小部分客户在情绪不好的时候，会产生逆反心理。

此时，作为房产经纪人，你要做的不是不停地劝导，而是要在顺从其心理的基础上，采取一定的举措，将客户的逆反心理消除。具体来说，房产经纪人可以通过以下方法消除客户的逆反情绪。

❶ 提供台阶

客户之所以会有逆反心理，很可能是因为某些事让他一时难以控制自己的情绪，所以当遇到有逆反心理的客户时，房产经纪人需要做的不是与客户对着干，或对客户的反应不闻不问，而是应该在配合客户的基础上，为客户的情绪提供一个宣泄的渠道，让客户有台阶可以下。

❷ 缓解气氛

如果说提供台阶是让客户的逆反心理有地方可以宣泄，那么采取合适的方式缓解气氛就是加速客户心理的转变，通过营造轻松的环境，潜移默化地影响客户，让客户更好地调整自己的情绪。

第 9 章

做好带看：
提升购房者的买房意愿

对于房产经纪人来说，成交量与收益直接相关，提升二手房的成交量有一个关键，那就是提升购房者的买房意愿。本章讲解房产经纪人需要掌握的二手房带看技能，让更多购房者愿意去买你手中的二手房。

技巧 094 自省：了解带看转化率低的原因

【现实案例】

小马觉得最近的二手房带看转化率很低，好不容易有人愿意去看房，却因为种种原因没能实现转化。他不知道哪里出了问题，于是便寻求师傅的帮助。如果你是他的师傅，你会给出哪些建议呢？

【要点展示】

提升二手房带看转化率的方法有很多，其中比较直接有效的一种方法，就是通过自我审视了解带看转化率低的原因。如果房产经纪人明显感觉到自己的带看转化率比较低，那么可以先进行自我审视，看看是不是自己做得不够好。通常来说，房产经纪人带看转化率低的原因主要有 3 个，如图 9-1 所示。

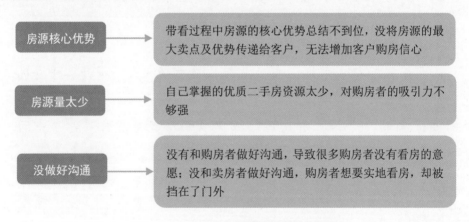

图 9-1　房产经纪人带看转化率低的原因

房产经纪人可以通过自我审视，了解自己的问题出在哪里，然后再通过有针对性地制定策略，来提高自身的带看转化率。如果确定是房源核心优势总结不到位，房产经纪人就需要通过自己实地看房及了解同类房源历史成交价、现在委托挂盘家，加强房源自己实地看房讲盘，快速找到房子吸引人之处，并用对比法或者列举法将信息传递给客户，增加客户对购买该房子的信心。

如果确定是手中的房源数量太少，房产经纪人就需要通过各种方法搜索并获得更多二手房的销售权，从而为有需求的购房者提供更大的选择空间，让更多购房者快速地找到合适的房源。

如果确定是没和购房者做好沟通，房产经纪人需要具体分析为什么没有沟通好，然后再制定对应的调整方案。通常来说，房产经纪人没和购房者沟通好主要有 4 个原因，如图 9-2 所示。

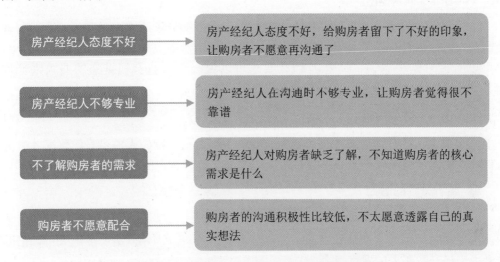

房产经纪人态度不好	→	房产经纪人态度不好，给购房者留下了不好的印象，让购房者不愿意再沟通了
房产经纪人不够专业	→	房产经纪人在沟迪时不够专业，让购房者觉得很不靠谱
不了解购房者的需求	→	房产经纪人对购房者缺乏了解，不知道购房者的核心需求是什么
购房者不愿意配合	→	购房者的沟通积极性比较低，不太愿意透露自己的真实想法

图 9-2　房产经纪人没和购房者沟通好的原因

如果确定是没和卖房者沟通好，房产经纪人需要找时间专门和卖房者做好对接，并建立好联系，让卖房者更加配合自己的工作，提升带客看房的便利性。

技巧 095　提升：提高库存客户的带看量

【现实案例】

小胡最近有些烦恼，虽然他接待的客户不少，但是愿意去看房的并不多，有购房想法的客户自然就更少了，这样下去业绩肯定上不去。如果你是小胡的师傅，你会给他哪些建议呢？

【要点展示】

房产经纪人要想快速实现自我提升，就需要通过自身实践和总结他人的经验，寻找方法提高库存客户的带看量。通常来说，房产经纪人可以做好以下 5 项工作，从而有效地提高库存客户的带看量。

【工作 1】做好推广

要想做好二手房源的宣传推广，房产经纪人不仅需要通过线上线下多种渠道对手中的二手房源进行推广，增加二手房源的曝光量，还要用心编写推广信息，增加推广信息对潜在购房者的吸引力。

【工作2】了解需求

了解购房者的需求是房产经纪人必须要重点做好的一项工作，只有了解了购房者的需求，才能为其推荐更加合适的房源，从而实现带看的高效转化。例如，房产经纪人可以直接对购房者说："您有什么要求可以说一下，我会根据您的要求进行推荐。"让购房者自行述说，并将其需求记录下来。

【工作3】增加带看

通常来说，只有让更多购房者愿意去看二手房，房产经纪人的带看转化率才会更有保障。因此，房产经纪人还需要通过一些方法来提升客户的看房意愿，具体如下。

❶ 展示房源的潜力

二手房的潜力是购买者买房时比较看重的一个因素，那些看起来普普通通的二手房，只要潜力足够大，在购买者眼中也会变得值得购买。因此，房产经纪人可以借助其潜力来提升购买者的看房意愿。

❷ 根据房源找购房者

获得二手房的委托销售权之后，房产经纪人可以实地查看二手房，并总结其闪光点，然后在介绍二手房时，重点展示其闪光点，让购房者对二手房更加中意。例如，房产经纪人可以在了解了购房者的需求之后，将符合要求的二手房推荐给购房者，并在推荐时重点讲解该二手房的闪光点。

❸ 增加房子的展示效果

增加房子的展示效果，主要是指提高二手房的"颜值"，让二手房的营销推广内容更加吸睛。通常来说，增加房子的展示效果主要有两种方法：一是对房子进行优化，让房子看起来更加美观；二是对营销推广内容进行优化，让房子展示出更高的"颜值"。

❹ 对房子的不足进行改善

有的二手房可能存在肉眼可见的不足，如墙面有黑点、地面不干净和地板开裂等。房产经纪人可以与卖房者进行沟通，对这些不足进行改善，从而让二手房更受购房者欢迎。

图9-3所示为某二手房的相关信息，从图9-3中不难看出，该二手房的地面不太干净，甚至可以说有点杂乱。对此，房产经纪人可以将地面进行清理，归置好有用的物品，丢掉没用的东西。

图 9-3　二手房宣传推广图片

【工作 4】网罗房源

对于房产经纪人来说，手中的房源越多，带看的机会越多，成交的概率通常就越高，因此网罗附近的房源是很有必要的。具体来说，房产经纪人需要通过本书第 4 章中展示的多种方法，尽可能多地获得附近二手房源的委托销售权。

【工作 5】端正态度

房产经纪人的态度会直接影响买卖双方的情绪，如果房产经纪人的态度端正，便可以在购房者和卖房者心中留下良好的印象，而整个带看过程也将变得更加顺利。具体来说，房产经纪人可以从 3 个方面端正自身的态度，给买卖双方留下良好的印象，如图 9-4 所示。

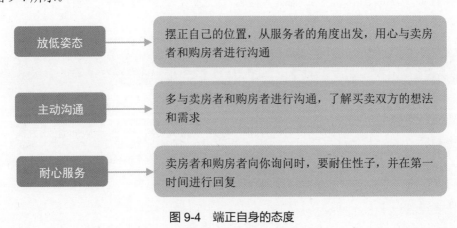

图 9-4　端正自身的态度

技巧 096　识别：明白哪些客户容易被转化

【现实案例】

小洪知道不同的客户对二手房买卖的需求也不同，如果能找到那些容易被转化的客户，那么带看转化率也会变得更高，但是如何才能明白哪些客户容易被转化呢？小洪一时之间也没有什么好的办法。

【要点展示】

房产经纪人可以对客户进行识别，并拿出更多的时间和精力与需求强烈的客户进行沟通。通常来说，有 3 类购房者对二手房的购买需求比较强烈，也更容易被转化，如图 9-5 所示。

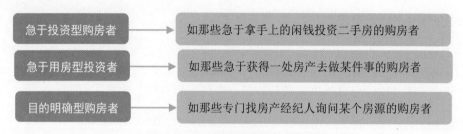

图 9-5　对二手房需求强烈的客户

例如，某位购房者一上来就向房产经纪人询问某个二手房的信息，那么该购房者对于该二手房的购买需求就是比较强烈的。此时，如果房产经纪人拥有该房源的出售权，并且该房源的出售价格是购房者能够接受的，那么只要房产经纪人适当进行引导，购房者可能就会购买这个二手房。

技巧 097　准备：做好带看之前的相关工作

【现实案例】

小胡有一次给客户带看之前没有做任何准备，他认为凭借自己的专业，就能轻松应对。谁知，因为自己准备不到位，让购房者在二手房的门外等了几十分钟。那么，你觉得在带看之前，房产经纪人应该做好哪些准备工作呢？

【要点展示】

带看并不是带着购房者进入二手房随便看看就行了，要想提升带看转化率，房产经纪人就必须做好相关的准备工作，给购房者带来更好的带看体验。具体来说，在带看之前，房产经纪人需要做好以下工作。

❶ 与买卖双方打好招呼

确定要带看之后，房产经纪人要给买卖双方都打好招呼，这样买卖双方对这个事就心里有数了。例如，房产经纪人可以将带看的时间告知卖房者，并从卖房者处获得钥匙使用权；将带看的时间告知头房者，并询问是否需要去接对方。

❷ 准备好相关的物件

为了能顺利地进入二手房，房产经纪人需要准备好相关的物件。例如，当卖房者不参与带看时，房产经纪人需要先拿到二手房的钥匙。

❸ 熟悉要带看的二手房

在客户看来，房产经纪人扮演的就是二手房销售的角色，而二手房就相当于在售的商品。如果要将二手房快速地卖给购房者，那么房产经纪人首先要做的就是对二手房有足够的了解。只有这样，才能应对购房者提出的各种问题，提高购房者对二手房的满意度。

❹ 提炼出二手房的卖点

每个二手房都有它的卖点，只是有的卖点比较明显，有的卖点需要用心去发现。而房产经纪人要做的，就是用自己的专业眼光去寻找并提炼二手房的卖点。这样，在带看的过程中，房产经纪人便可以快速地将二手房的卖点展示出来，让二手房对购买者更有吸引力。

技巧 098　说话：掌握邀约看房的表达技巧

【现实案例】

对于邀约看房过程中说话的重要性，小冯可以说是深有体会。有一次在带看的过程中，还没进入二手房，小冯就对二手房大肆赞扬，让购房者觉得这个房源不可错过。结果购房者看到二手房之后，觉得与小冯说的有很大的差距，所以此后这位购房者就不再信任小冯了。

【要点展示】

在邀约看房的过程中，房产经纪人要懂得说话的艺术，明白什么该说、什么不该说、应该怎么说。这样不仅可以体现出自身的专业性，也能提高带看转化率。下面就来为大家介绍邀约看房过程中的 4 种常见表达技巧。

❶ 确定带看时间的表达技巧

在确定要看房之后，房产经纪人一定要与买卖双方确定好带看时间，确保相关人员能够按时到场。例如，与购房者确定带看时间时，房产经纪人可以说："有位同事约了其他人下午 3 点看房，如果您方便的话，最好是约 3 点之前看房。对方买房意愿比较强烈，我担心他们看房之后就直接定下来了。"

❷ 与客户预先沟通的表达技巧

在带看之前，为了避免出现不必要的问题，房产经纪人可以就相关事项与客户预先进行沟通。例如，房产经纪人可以对购房者说："今天我们要去看房的这个卖房者，我已经跟他打过几次交道了。您到时候只要专心看房就行了，其他事情交给我。最好不要跟他有过多的交流，我担心他会抓住机会涨价。"

❸ 带看路上的表达技巧

在带看的路上，房产经纪人如果与购房者同行，肯定会讨论将要带看的二手房。此时，房产经纪人要当心言多必失，不能讲的就要想办法规避，以免给带看带来麻烦。例如，购房者询问二手房信息时，房产经纪人可以简单讲解一下该二手房的基础信息。如果购买者想要询问某方面的详细信息，房产经纪人可以说："这个我用语言也说不清楚，等下您可以实地看一下。"

❹ 询问信息的表达技巧

有时候，房产经纪人需要向买卖双方询问相关信息，此时为了保证信息的真实和准确，房产经纪人可以适当地强调信息的重要性，让对方觉得不能说假话。例如，在询问二手房的物业信息时，房产经纪人可以说："这个购房者对于物业信息非常重视，之前有个卖房者没有说实话，购房者得知真相后直接就不想再谈了，所以为了避免以后出现问题，您最好还是如实说吧！"

技巧 099 排序：如何安排客户的带看顺序

【现实案例】

某一天下午，小胡约了购房者去看 3 个地方的房源，但是看了两个房源之后，购房者再也不想看了，还说小胡安排带看的顺序太不合理了，走了很多冤枉路。如果你是小胡，你会怎么调整带看顺序，让带看顺序更加合理呢？

【要点展示】

如果要带看多处房源，房产经纪人应该在出发之前就做好规划，对要带看的房源进行排序，那么如何对带看的房源进行排序呢？下面讲解 3 种比较常见的带看排序方法。

❶ 根据客户的位置排序

根据客户的位置排序，就是以客户的位置为起点和终点，将要带看的房源串联起来。这种排序方法的优势在于，可以减少花在路上的时间，让带看更有效率；缺点是如果有其他房产经纪人带看同一个房源，可能会出现购房者碰面的情况。

❷ 根据客户的喜爱度排序

根据客户的喜爱度排序，就是让客户从要带看的房源中进行排序，先带看客户比较中意的房源。这种排序方法的优势在于，可以让客户先看到自己想看的房源；缺点是如果购房者对第一个房源不满意，那么后面带看其他房源时也会受到不利的影响。

❸ 根据带看的时间排序

根据带看的时间排序，合理地安排时间，减少等待，确保到了之后能够快速看房。这种排序方法的优势在于，可以让时间安排更加合理，减少不必要的等待；缺点是花在路上的时间可能会有所增加。

技巧100　施压：让购房者主动想要去看房

【现实案例】

小高好不容易根据购房者的要求找到了合适的房源，于是便满心欢喜地告诉了购房者，并询问最近这几天是否有时间去看房。谁知，购房者竟然一点都不着急，还说小高这是"皇帝不急，太监急"。如果遇到这样的购房者，你会怎么提升他的看房意愿呢？

【要点展示】

有的购房者一点也不急，找到了合适的房源也不愿意去看。如果房产经纪人总是催，他们可能会产生厌烦情绪，反而更不愿意去看房了。此时，房产经纪人可以适当地给这些购房者一些压力，让他们主动想要去看房，具体方法如下。

❶ 给购房者制造一些压力

告诉购房者该二手房源比较抢手，有几个房产经纪人都带看了，并且还有几个购房者在犹豫要不要买。如果购房者不抓紧时间去看房，那么等其他人买了，就再也没有机会看了。

② 增加购房者的购买意愿

房产经纪人可以想办法让购房者看到该二手房源的主要卖点，让购房者明白该二手房源非常适合他，从而让其忍不住想去看房。例如，房产经纪人可以通过发微信等方式告知购房者，这个房源不仅户型很适合他，而且环境好、交通便利，关键的是，这还是个学区房，错过就很难再找到这么好的房源了。

技巧 101　时间：房源抢手但购房者没空去看

【现实案例】

房产经纪人小马根据购房者的需求找了好久的房，终于找到了合适的二手房，就想着让购房者早点去看房，可是购房者却说没空看。这个房源很抢手，不抓紧看房的话，可能还没看房就被别人买走了。如果你是小马，你会如何提升购房者的看房意愿呢？

【要点展示】

虽然购房者说只有周末有时间去看房，但是很多房源不一定能留到周末，而且大多数购房者平时是可以抽一些时间去看房的，即便白天由于上班去不了，也可以等下班之后再去。对此，房产经纪人可以通过如下方法刺激购房者，让其主动抽时间去看房。

① 向购房者说明该房源很抢手

房产经纪人可以告知购房者有其他人去看房了，让购房者觉得还没到周末该二手房就会被卖出去。例如，有其他购房者去看该房源时，房产经纪人可以告知购房者；又如，房产经纪人可以告诉购房者，今天有多少人看了该房源，其中有多少人有购买意向。

② 告诉购房者该房源为当周必卖

告诉购房者有几个客户看中了该房源，其中甚至有人在安排时间准备跟卖房者协商买卖事宜了，让你的购房者明白该房源很可能近几天就会被卖出去。例如，拍下其他购房者看这套房的照片，特别是其他购房者与卖房者见面的照片，或者其他购房者与卖房者一次、二次、三次见面的过程，这比你发文字说明更加直观，同时也更具吸引力。

技巧 102　关门：带看时卖房者却不愿意来开门

【现实案例】

很多时候，我们觉得带看只要做好购房者的工作就行了，却忽略了与卖房者的沟通，这一点小红就深有体会。有一次带购房者去看房时，却发现二手房房门紧闭，打电话问卖房者，卖房者也不太愿意过来开门。如果遇到这种情况，你会如何让卖房者过来开门呢？

【要点展示】

当卖房者不愿意开门时，我们必须想办法把门打开，让购房者如愿地完成看房。因为大多数购房者只有实地看房之后，才会下定购买的决心。如果卖房者不太愿意开门，房产经纪人可以通过一些常用方法打开二手房源的房门，让购房者完成看房，如图9-6所示。

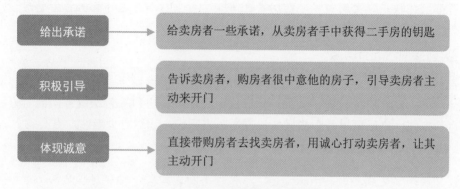

图9-6　打开二手房源房门的方法

房产经纪人要仔细分析卖房者不愿意开门的原因，是不放心将钥匙交给你，还是不诚心卖房，只是挂出来探价，抑或是房间里有贵重物品。

如果卖房者不放心将钥匙给房产经纪人，房产经纪人可以以公司的名义给卖房者出具一份钥匙委托书；如果是不诚心卖房，那房产经纪人就要优先推荐其他更容易成交的房源；如果房间里有贵重物品，可以建议卖房者自己或委托附近的亲朋好友来监督看房。

核心就是：一方面针对卖房者的顾虑，给出相应的对策，让其放心；另一方面表达购房者特别喜欢他的房子，如果没有其他问题，立马成交的可能性比较大等，吸引卖房者前来开门。

技巧103　推脱：购房者看了几套房就不想再看了

【现实案例】

本来小峰这天下午和购房者约好了去看5处房源，结果才看了3处，购房者就找各种理由推脱，说自己不想再去看房了。如果遇到这样的购房者，你会如何提升他的看房意愿呢?

【要点展示】

看了几套房,还没有看到自己中意的房源,大部分购房者的热情就会下滑,其中甚至会有部分购房者不想继续看了。出现这种情况,房产经纪人可以通过以下方法提升购房者的看房热情。

❶ 直接说有更好的房源

告诉购房者,后面的几个房源比之前看的更好,更能满足购房者的需求,并告诉购房者都已经联系好卖房者了,卖房者在等购房者去看房。这样购房者会觉得不好推辞,即便有些不情愿,也会去看房。

❷ 直接说附近有房源

告诉购房者,附近还有一些优质房源,只要走几步就到了,看房非常方便,在心理上让对方感觉看房很轻松。例如,房产经纪人可以提出包接包送服务,问对方哪个时间点最方便,自己可以开车去接他,并送对方回去,让对方少走路,省心省力。

❸ 给对方一个缓冲时间

俗话说:"文武之道,一张一弛。"接连不断地看房,确实有些辛苦,甚至有时还有排斥心理,不妨给对方一个缓冲、消化的时间,让对方休息一下。在这段时间里,自己再去挖掘一些新的房源,以及想想下一阶段如何提升购房者的看房满意度,怎样提升成交率。

技巧104　找事:购房者找各种理由增加看房量

【现实案例】

有的购房者不断地找各种理由来增加看房量,但是无论给他推荐什么房源,他都不满意,小肖觉得为他服务就是在浪费时间。面对这样的购房者,你会怎么做呢?

【要点展示】

有的购房者可能想先把附近的所有房源都看完,再从中选择合适的进行购买,所以会找各种理由来增加看房量。但是,对于房产经纪人来说,看了很多房还没有成交的希望,这样的工作效率太低了。对此,房产经纪人可以通过一些方法减少购房者的看房量,提升自身的工作效率。

❶ 停止继续看房

当购房者看了很多房还想继续看时，告诉购房者暂时没有更合适的房源，等以后有了再推荐给他。

❷ 重点推荐适合的房源

从理性的角度出发，根据购房者的需求排序，将最适合对方的房源推荐给他，并说明吻合的原因，让他在没有看房的这段时间里，好好消化并认真考虑你推荐的房源，这就是所谓的"让他的身体停下来，等等他的灵魂跟上来"。因为看得越多，越不思考，那些中意的房源越难走进他的内心。

❸ 按顺序带购房者看房子

房产经纪人可以先带看一般的房源，再带看优质的房源，最后带看较差的房源。这样，看到后面，购房者会觉得继续带看也很难看到满意的，还不如从之前那些优质的房源中进行选择。

❹ 通过线上沟通展示房源信息

多通过微信等方式，与购房者进行网上联系，并展示房源信息，让购房者在网上选好之后，再去实地看房，从而达到减少看房量的目的。

技巧 105　逼单：用心营造稀缺感和竞争效应

【现实案例】

小毕曾经遇到过这样一个用户：连着带看了好几套二手房，其中有一套购房者也很满意，但是问他要不要购买时，他却犹豫了，说还要再考虑一下。那么，当购房者犹豫不决时，我们有没有什么方法实现快速逼单，从而提升带看转化率呢？

【要点展示】

如果购房者犹豫要不要购买某个房源，说明购房者对该房源有点动心了。此时，我们只要通过用心营造稀缺感和竞争效应，把购房者向前推一把，购房者可能就会下定购买的决心了。下面介绍具体的操作技巧。

🔺【技巧1】营造稀缺感

俗话说："物以稀为贵。"当某个东西比较稀缺时，更容易引起人们的注意，让有需要的人争相购买。二手房源也是如此，那些稀缺的优质房源，在市场中会更抢手。对此，房产经纪人可以通过一些方法营造二手房源的稀缺感，如图9-7所示。

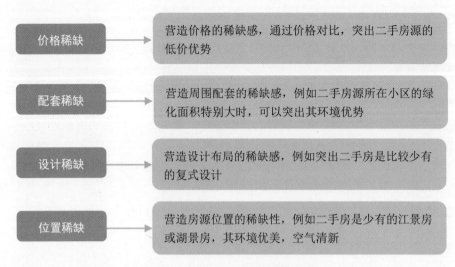

图 9-7　营造二手房源稀缺感的方法

【技巧 2】营造竞争效应

很多时候，有压力才会有动力，购房者买房也是如此，所以在带看过程中，房产经纪人也可以适当地给购房者一些压力，刺激购房者下定决心购买二手房。具体来说，房产经纪人可以通过营造竞争效应，让购房者觉得很多人都看好该房源，从而让有需要的购房者快速下单购买二手房，方法如下。

❶ 购房者之间的竞争

通常来说，那些优质的二手房源会受到多个购房者的关注，甚至有的购房者看房之后就在犹豫要不要购买。

对此，房产经纪人可以通过其他购房者的态度来营造购房者之间的竞争，让购房者更想购买该二手房。例如，房产经纪人可以告知购房者，现在有几个人都看中了这套二手房，其中有一个人和卖房者约定周末交定金，如果要购买，就得抓紧时间了。

❷ 房产经纪人之间的竞争

对于优质的房源，不只是购房者之间有竞争，就连房产经纪人之间也会有竞争。例如，当某套二手房比较优质时，多位房产经纪人可能会争相与卖房者沟通，以提高自身的成交可能性。对此，房产经纪人可以告知购房者，很多房产经纪人都很看好这个二手房，自己与卖房者沟通了几天才拿到了销售权，如果喜欢就抓紧时间交定金，不然可能就被别人买走了。

相对来说，购房者之间的竞争可以直接给购房者带来压力，而房产经纪人之间的竞争则可以间接给购房者带来压力。

以上方法对没有购房经历的新人更有效，对于买过多套房的过来人来说，刺激作用不大，最好的办法，还是寻找最适合他们的性价比高的房源。

技巧 106　讲究：购房者对房源提出各种要求

【现实案例】

小范发现有的购房者购买二手房时特别讲究，对房源提出了各种要求。有时候，好不容易找到了合适的房源，结果购房者又提出了新的要求。面对这样的购房者，你如何提高其购买意愿呢？

【要点展示】

那些喜欢较真的购房者，通常会对二手房提出各种细节要求，而且带看的二手房越多，他们提出的细节要求就越多。房产经纪人可以通过如下方法，引导购房者购买你推荐的二手房。

❶ 根据购房者的要求推荐房子

有要求的购房者，总比迷茫的购房者要好，因为要求就是需求，有需求就一一列示出来，并做好重要程度的排序，然后房产经纪人只需根据房源的特点，进行精准匹配即可。

❷ 看房不是越多越好要适可而止

挑剔或较真的客户，看的房子越多，要求就越多，一旦细节上的要求太多，就会"只见树木，不见森林"，掉到细节里面出不来。所以，优秀的经纪人，要比购房者还要清楚对方的需求，以及适合他的房源，设身处地，多次、重点沟通，让他明白，这套房子就是最适合他的房子。

技巧 107　矛盾：如何化解买卖双方的冲突

【现实案例】

有一次在带看过程中发生了这样的事：购房者对带看的二手房有一些不满意，于是指出了各种不满意的地方，还说该二手房估计很难卖出去。卖房者听到之后有些生气了，就与购房者争执起来。如果在带看时，买卖双方产生矛盾，你会如何化解呢？

【要点展示】

因为买卖二手房事关买卖双方的利益，所以有时候会有一些争吵，或者说是冲突。而对于房产经纪人来说，只有化解了冲突，才有可能实现转化。对此，房产经纪人可以通过以下方法化解冲突，让买卖双方继续协商。

❶ 缓解气氛

当买卖双方发生冲突时，作为双方沟通桥梁的房产经纪人必须站出来缓解气氛。这不仅能避免发生更大的冲突，还是提升转化率必须要做好的一件事，而且作为买卖双方的桥梁，房产经纪人与双方都有一定的联系，也是最适合站出来缓解气氛的人选。例如，这个时候，房产经纪人倒杯茶、端些水果出来，和买卖双方聊一聊其他话题，让大家都缓一下。

❷ 隔离劝说

有的团队中有一些非常高明的劝说者，一旦双方就价格问题剑拔弩张时，不会在同一空间劝说双方，而是安排两个同事，将买卖双方引到不同的空间进行劝说，换个场景，远离争执。

❸ 推进协商

既然买卖双方是因为协商买卖二手房而聚集在一起的，那么缓解气氛之后，房产经纪人还必须把自己摆到"主持人"的位置，通过语言表达进行引导，推进协商的继续进行。

❹ 目标一致

买卖双方发生冲突时，该如何劝说双方呢？那就是让双方明白，他们此行的目的是什么。购房者是为了购房吧！卖房者是为了卖房吧！这个世界上没有人跟自己的目标过不去。目标最能让对方冷静下来，然后接着劝说，我们围绕这个共同目标，是来商量办法，达成交易的，不是来吵架的。既然为了共同的目标，各退一步好不好？这时候，只要是诚心购房的人，或诚心卖房的人，多多少少会作出让步。

如果争执过于激烈，就结束沟通，让双方都回去冷静一下，有些成交是急不来的，需要借助时间的力量，让彼此有一个缓冲。

第 10 章

应对砍价：
巧妙拒绝客户讨价还价

在买卖二手房的过程中，房产经纪人经常会遇到客户砍价的情况。为了促成交易，房产经纪人就得掌握巧妙拒绝客户讨价还价的技巧，让客户放弃压价。

技巧 108　低价：卖房者觉得出价低于预期

【现实案例】

在与某位卖房者沟通的过程中，房产经纪人小胡根据自身经验，给将要销售的二手房提供了一个参考价。听到房产经纪人给出的价格后，卖房者觉得这个价格与自己的预期有些差距，并试图用更高的价格出售。小胡知道，用卖房者给出的价格销售，将难以售出。对于这种情况，小胡该怎么与卖房者讨论价格呢？

【要点展示】

卖房者在自己的房子里生活了一段时间，对房子已经有了感情，所以他对于房子的价格可能会有比较高的预期。但是，房产经纪人要想将卖房者的房子卖出去，就得学会从中调和，让卖房者和购房者达成交易。具体来说，当卖房者觉得出价低于预期时，房产经纪人可以重点做好以下工作，以促成二手房交易。

❶ 根据需求强弱来促进成交

天底下没有绝对公平的事情，也没有完全的中间之道。例如，某套房卖房者要价1000万元，而购房者出价 600 万元，取个中间值 800 万元不一定能成交，这要看彼此的需求，谁强谁弱。如果购房者着急买房，或者特别喜欢这套房子，那就处于弱势了，适当地涨点价对方也能接受。

❷ 为双方创造线下协商的机会

二手房的价格与买卖双方的利益直接相关，房产经纪人要懂得照顾双方的利益。如果购房者愿意再加一些价，卖房者也愿意在价格上作出让步，房产经纪人可以为双方创造线下见面的机会，让双方坐下来好好协商，争取谈到彼此都满意的价格。

❸ 帮助卖房者获得清晰的认知

房产经纪人可以通过成交的数据、事实，告知卖房者，让其对市场行情有一个清醒的认识。我们需要明白一点，虽然成交数据和事实等信息说了不一定有效果，但不说肯定没效果。

技巧 109　高价：购房者觉得房子价格过高

【现实案例】

房产经纪人小杨根据购房者的需求，为其推荐了一个优质的二手房。购房者对这个房源比较满意，但是觉得价格过高，于是他给出了一个自己觉得合适的价格。小杨深知以购房者给出的价格，是不可能买到这个二手房的。对于这种情况，房产经纪人要如何与购房者谈价格呢？

当购房者觉得房子的价格过高时，房产经纪人可以通过一些方法显示二手房的价值，让购房者觉得它是物有所值，甚全是物超所值，具体如下。

❶ 通过优势进行引导

展示二手房各方面的优势，让购房者觉得这是一个值得购买的优质房源，从而提升购房者对该二手房的价值认同感。

❷ 通过购房者的喜好进行引导

俗话说"千金难买心头好"，针对购房者的喜好进行沟通，多维度、多角度地挖掘这套房源的亮点，让购房者觉得这套房特别符合他的要求。

例如，某个购房者特别喜欢江景房，一共看了 A、B 两套江景房，虽然 B 房的价格要便宜一点，但它的江景没有 A 房的好，那我们就要分析购房者为什么喜欢江景房，从多角度解说江景房的好处，投其所好。换言之，如果他因为种种原因最后买了 B 房，花了钱却没有买到心头好，岂不是更加可惜？

❸ 通过已成交房源进行引导

将二手房与已成交且价格相对较高的同类二手房进行对比，让购房者看清你推荐的二手房的优势。购房者了解到该二手房的众多优势之后，自然就会觉得该二手房物有所值了，从而其购买意愿则变得更强了。

❹ 通过他人的出价进行引导

房产经纪人可以将其他人，特别是其他购房者的出价说出来，让购房者对价格有一个明显的参照对象。如果其他人的出价比现在的价格高，房产经纪人就会觉得这个二手房是值得购买的。

技巧 110　变卦：卖房者在成交前想要涨价

【现实案例】

眼看着买卖双方经过协商达成了一致，马上就要签合同成交了，卖房者却找到了房产经纪人小郑。卖房者表示，协商的价格有些低了，想提高一点，想请小郑找购房者再谈一下。小郑明白，这时候要涨价，购房者估计不会同意。那么，面对卖房者的变卦，房产经纪人要如何处理呢？

【要点展示】

大多数情况下，卖房者之所以在成交前涨价，主要是因为他觉得自己的房子还可以卖出更高的价格。对此，房产经纪人可以通过以下方法，让卖房者觉得他的房子不是那么好卖。

❶ 通过购房者的态度施加压力

告诉卖房者，购房者本来就不太能接受原来的价格，是自己多次沟通之后，他才答应签单的。如果卖房者加价的话，购房者很可能就不买了。例如，房产经纪人可以结合与购房者的沟通细节，表达出购房者对于之前的标价本来就比较犹豫，是因为自己多次说好话，购房者才勉强答应购买的。如果有需要，房产经纪人还可以通过购房者的口吻，传达出再加价就肯定不会购买的态度。

❷ 放大临时要涨价的后果性

作为房产经纪人，一定要弄清楚，卖房者卖房的真实原因，是因为缺钱，还是想腾购房指标。然后紧扣他的痛点，放大临时要涨价的后果。例如，当了解到卖房者是因为缺钱才出售二手房时，房产经纪人可以列举该二手房存在的问题，说可能短时间内房子卖不掉，他一下是回笼不了资金。沟通的核心就一点，紧扣他的恐惧和焦虑，放大对他不利的后果，让他着急和心慌，从而作出让步。

❸ 站在购房者的角度找问题

房产经纪人毕竟只是中间人，所以卖房者可能对你的话持半信半疑的态度。因此，房产经纪人可以转换角度，以购房者的口吻指出二手房存在的一些问题，让卖房者明白该二手房不像他想象中那么好卖。与此同时，还可以结合一些数据进行说明，让卖房者明白有的二手房挂了很久，也没几个想去看的，如果再加价的话，就更卖不出去了。

❹ 站在卖房者的角度找问题

人的本性是在自信时优越感充足，而在自卑时往往就降低期待值，所以要从卖房者的角度，想想他觉得房子有哪些问题，然后在沟通时，只要放大这些缺点，就能切中要害，让他作出让步。

技巧 111　差距：买卖双方给的价格相差太多

【现实案例】

在房产经纪人小徐买卖某个二手房时，买卖双方都很看重价格，但是双方为了各自的利益，都给出了有利于自身的价格，这便造成了价格上相差太多的局面。小徐知道，以目前双方的价格差距来看，是很难促成交易的。那么，他应该如何和客户谈论价格，才能提高这个二手房的成交率呢？

【要点展示】

如果买卖双方给出的价格相差太多，感觉很难谈拢，房产经纪人可以通过以下方法引导客户签单。

❶ 从中调和

一般来说，二手房成交价的协商都有一个过程，买卖双方给出的价格会与成交价有一定的距离。房产经纪人可以对双方进行引导，拉近双方给出的价格差距，增加客户签单的可能性。

一套房的成交，必须有一个过程，好比生小孩必须要经过十月怀胎一样，这里面有一个从备孕、怀孕到分娩的过程，房子的成交也一样，双方要有一个了解、沟通磨合、彼此重新认识房子和房价的过程，直到最后双方让步的过程，有时候成交不是急来的，而是水到渠成的一个过程，这里面也需要时间的力量，有一个时间的缓冲给到双方。

❷ 推荐其他房源

如果买卖双方给出的价格始终存在较大差距，根本调和不了，房产经纪人可以给客户推荐其他标价相对较低的二手房，让客户能以预期的价格买到合适的二手房。例如，有个购房者看中了某小区的 A 房，但 A 房的价格为 480 万元，而购房者的心理承受价格是 450 万元，双方之间很难调和。因此，房产经纪人重新为购房者推荐了其他房源，最后购房者购买了一套 400 万元左右的房子。

技巧 112　僵持：买卖双方在价格上互不让步

【现实案例】

房产经纪人小王最近有些焦虑，他遇到了这样一个情况：购房者对某套二手房很中意，卖房者的出售意愿也很强烈，但是买卖双方的出价有一定的差距，而且他们在价格上互不让步。小王明白，此时自己这个中间人就需要发挥作用，引导双方进行协商，可是具体要怎么做呢？

【要点展示】

当买卖双方给出的价格相差不大，但是却互不让步时，房产经纪人可以通过以下 3 种方法进行引导，促成交易。

❶ 主动进行引导

买卖双方都希望自己的利益得到保障，所以会在价格上僵持不下。但是，当买卖双方给出的价格相差不大时，房产经纪人只要通过语言进行引导，给买卖双方一个改价的台阶，说不定就能促成客户签单了。

❷ 结合需求强弱

简单来说，就是看谁的需求更强，然后有所侧重地进行沟通。如果购房者需求强，对房子更满意，那就劝购房者多让步一点；反之，如果卖房者缺钱，着急卖房，那就劝卖房者做一点退让。

❸ 中间价是最佳良策

房产经纪人作为一个中间人，提出建议时，买卖双方都会参考一下，而中间价对彼此来说，有退让也有进展，所以买卖双方很可能就会给个"面子"。例如，某套房源，购房者只愿意出 440 万元，而卖房者开价 460 万元，双方僵持不下，这时候，房产经纪人提出 450 万元，便是一个不错的解决方案。

技巧 113　比价：购房者拿类似房源比较价格

【现实案例】

带看某套二手房之后，房产经纪人小洪看得出，购房者对于该二手房是比较满意的。但是，对于二手房的价格，购房者还有一些异议。购房者说自己看过类似的二手房，价格要便宜很多，并询问小洪是否能降价出售。此时，小洪要怎么做才能拒绝购房者还价呢？

【要点展示】

通常来说，购房者拿类似房源来比较价格，就说明对带看的二手房比较满意，只是为了维护自身的利益，希望能用更低的价格购买。对于这种拿类似房源比较价格，进行砍价的行为，房产经纪人可以通过以下 3 个技巧拒绝还价。

❶ 指出购房者所说房源的不足之处

购房者拿类似房源进行比价时，房产经纪人可以先根据购房者透露的信息，快速找到其所说的房源，然后根据自身的专业知识对该房源进行分析，指出该房源存在的不足之处。

这样一来，购房者就会觉得，该房源以相对较低的价格出售是有原因的。而且如果房产经纪人指出的不足中包含购房者不能忍受的因素，购房者还会庆幸自己没有购买该房源。而随着选择的减少，房产经纪人推荐的房源，自然就更容易被购房者接受了。

❷ 通过对比展示自己推荐的房源

既然购房者喜欢对比，那么房产经纪人便可以用同样的方式来拒绝还价，通过对比来展示自己推荐的房源。当然，在进行对比时，房产经纪人需要重点展示所推荐房源的优势。

经过对比之后，购房者便会了解该二手房的诸多优势。这样一来，该二手房的价值便体现出来了，而购房者了解其价值之后，也就不好意思再要求降价了。

技巧 114　参照：将朋友的房价作为涨价理由

【现实案例】

房产经纪人小胡为某位卖房者的二手房做了差不多半个月的推广，好不容易近期遇到了对该二手房比较满意的购房者，卖房者却在这时候提出了要涨价出售。通过与卖房者进一步沟通之后，小胡了解到，卖房者的朋友近期出售了一套二手房，而且价格比较高，于是卖房者认为价格再高一点也能卖出去。面对这样的情况，小胡要如何拒绝卖房者的涨价要求呢？

【要点展示】

要售出一套二手房并不是一件容易的事，有时候做了很久的推荐，才能遇到需求比较强烈的购房者。此时，如果卖房者提高售价，可能会将好不容易等到的购房者吓走。因此，房产经纪人最好做一下卖房者的工作，让其打消涨价出售的想法。通常来说，当卖房者想利用对比涨价出售二手房时，房产经纪人要想拒绝涨价要求，需要做好以下 3 方面工作。

❶ 了解卖房者朋友房子的情况

当卖房者试图利用朋友的房子涨价出售时，房产经纪人可以先了解这个房子的相关情况，这样才能更好地进行分析。虽然每个二手房的情况都不尽相同，但是房产经纪人却可以列出卖房者比较关注的一些信息，然后通过询问，从卖房者的口中获得这些信息。

❷ 通过对比指出二手房的不足

了解了卖房者朋友房子的情况之后，房产经纪人便可以将两个房子进行对比，这样卖房者的二手房存在哪些不足就很明显了。卖房者看到自己的二手房存在的不足之后，就会明白，涨价出售是不太现实的。

❸ 顺势提出价格调整的建议

二手房的价格是由其价值决定的，而二手房的不足之处越多，其价值就越低，所以当卖房者发现自己的房子存在很多不足时，就会明白定价要更合理，才能快速售出二手房。这时候，房产经纪人便可以用自己的专业知识，顺势提出价格调整的建议，让卖房者维持原价，甚至降价出售二手房。

例如，房产经纪人可以对卖房者说："您看，这个房子的信息挂出去这么久了，还没找到合适的购房者，就说明在购房者看来，二手房的价格可能偏高了。如果您想将这个二手房尽快卖出去的话，我觉得可以适当降一下价。"

技巧 115 借力：购房者利用不满意的地方砍价

【现实案例】

房产经纪人小戴在带看某套二手房时，购房者询问了一下该二手房的价格，然后就说出了他不满意的一些地方。购房者表示，这个二手房本身就有一些不满意的地方，按这个价格，他是不会买的。小戴也明白，购房者只是利用不满意的地方在砍价，可是要如何做才能巧妙地拒绝砍价呢？

【要点展示】

很多购房者都明白，直接砍价很没有说服力，因此会进行借力，如先说出自己不满意的地方，然后再试图砍价。对于这种情况，房产经纪人可以通过以下方法，巧妙地拒绝购房者的砍价。

❶ 对购房者不满意的地方进行说明

人在看待同一事物时，可能会有不同的想法。即便是新房，购房者也能找出一些不满意的地方，而二手房是已经居住了一段时间的房子，因此更容易存在购房者不满意的地方，这本来就是一件很正常的事。

房产经纪人需要做的就是，对购房者不满意的地方进行说明，让购房者明白，这些不满意的地方对于正常居住没多大影响。退一步讲，即便现在有不满意的地方，购房者将二手房买过去之后，还可以根据自己的想法重新装修，让二手房更好地满足自身需求。

❷ 列出二手房的各种优势

每个二手房都有其优势和不足，当购房者利用不满意的地方砍价时，房产经纪人可以直接列出二手房的各种优势。看到这些优势之后，购房者会觉得该二手房物有所值，砍价的想法自然也就打消了。

除此之外，房产经纪人还可以借助二手房的优势来逼单，如房产经纪人可以对购房者说："这个二手房属于学区房，现在有两个客户在考虑是否购买，您如果对房子中意的话，应该尽快作出决定。"

❸ 为购房者介绍其他的房源

当看到购房者对某个二手房比较满意时，比起讨价还价，采取迂回战术，为购房者介绍其他的房源，获得的效果可能会更好一些。当然，在介绍其他房源时，房产经纪人还得先坚定地表达这个二手房的价格已经没有下降的可能了，购房者只能选择买或不买。

例如，房产经纪人可以对购房者说："目前这个价格已经是卖房者给出的底价了，我也想降价出售，快速促成这笔交易，但实在是没有办法了。要不，我还是为您介绍其他房源吧！"

技巧 116　僵持：谈了很久购房者还是觉得太贵

【现实案例】

房产经纪人小肖近期遇到了这样的情况：某位购房者看中了一套二手房，但是对于价格一直比较在意，已经谈了很久了，价格也降了两次了，该购房者还是觉得太贵。毕竟已经让步了两次，卖房者也表示这已经是底价了。对于这种僵持状态，小肖也有些无奈了，不知道是否要继续谈这笔交易。

【要点展示】

从购房者的角度来看，一笔交易处于僵持状态一般有两个原因：一是购房者对这个二手房很满意，购买需求非常强烈，但是因为某个方面没有达到预期，所以还没有下手；二是购房者还没有找到更适合的房源，该二手房还是当前的第一选择。

无论是哪个原因，购房者对这个二手房都是有需求的，只是房产经纪人已经没有太多时间和精力再进行拉扯了。此时，房产经纪人可以借助以下 3 种方法，结束这种僵持状态。

❶ 再次进行劝说

对于房产经纪人来说，只要还有成交的希望，就不应该放弃。虽然购房者对二手房的价格一直都比较在意，但是通过多次沟通之后，购房者也知道，房价已经不太可能下降了。在这种情况下，说不定哪一天购房者就想通了，此时再劝说一下，购房者可能就愿意购买该二手房了。

当然，房产经纪人如果觉得这笔交易难以做成，也可以在劝说时，直接摊牌，告知购房者以后不会再花太多时间在这一单上，引导购房者作出决定。

❷ 给购房者施压

有时候，人在做一件事时，如果感受不到压力，就会一直拖着。买卖二手房时也是如此，如果房产经纪人不适当地给购房者施压，购房者就会觉得反正也不急，拖着就拖着吧！这样一来，原本短期内可以解决的事，就会一直拖着。

那么，如何给购房者施压呢？房产经纪人可以让自己冷静下来，降低与购房者的沟通频率。这样一来，购房者就会觉得房产经纪人对这笔交易似乎不上心了。此时，如果购房者需求足够强烈，自然会抓紧时间找房产经纪人买房。

❸ 介绍其他的房源

当一笔交易僵持的时间比较长时，房产经纪人可以直接拒绝降价，主动结束这笔交易，为其介绍其他房源。这样做，不仅可以让购房者接触更多房源，提高成交的可能性，也能表明自身的态度，让购房者快速作出决定。

技巧 117　门槛：卖房者提出了带看的价格要求

【现实案例】

在登记房源信息时，卖房者觉得宁缺毋滥，那些达不到要求的购房者，也没必要看自己的房子了，于是直接告诉房产经纪人小吴，预算达不到 100 万元的，就不要带看了。小吴觉得，这种设置门槛的做法，可能会过滤掉一些有需求的购房者，对于提高成交速度非常不利。那么，小吴要如何讨价还价，让卖房者降低甚至是取消带看门槛呢？

【要点展示】

可能在卖房者看来，设置带看的门槛能减少很多麻烦，但是对于房产经纪人来说，这样做会提高成交的难度。所以，当卖房者提出带看的价格要求时，房产经纪人需要让卖房者降低或取消带看的价格门槛，具体方法如下。

❶ 说出这样做的坏处

在提出设置带看门槛时，卖房者可能只看到了这样做的好处，而忽略了这样做可能会造成的不利影响。因此，房产经纪人可以直接说出这样做的坏处，让卖房者全面地看待问题。

当然，在说出这样做的坏处时，房产经纪人也可以使用一些技巧。例如，将坏处一个一个地列出来，随着列出的问题越来越多，卖房者就会觉得坏处太多了，那还不如直接取消带看的价格门槛呢。

❷ 强调带看的重要性

设置价格门槛之后，很多出价达不到要求的购房者，将无法获得带看资格。而要想将二手房更快地卖出去，又需要多做带看。对此，房产经纪人可以在与卖房者交流的过程中，强调带看的重要性，让卖房者愿意降低或取消带看的价格门槛。

其实，有的购房者的预算和最终的成交价格是有一定差距的，只要二手房足够好，多花一些钱他们也是愿意的。因此，可以先做带看，让购房者明白这个二手房物有所值，这样购房者自然愿意出合适的价格来购买。

❸ 举例增强劝说效果

如果觉得直接劝说卖房者降低或取消带看的价格门槛效果不好，房产经纪人可以换一种思路，通过举例来增强劝说效果，让卖房者在产生代入感的同时，愿意接受你的建议。

例如，房产经纪人可以对卖房者说："我有位客户也像您这样设置了带看的价格门槛，结果看房的人比较少，过了 3 个月了房子还没卖出去。所以，我还是建议您不要设置带看门槛了，这样看房的人多一些，房子也会更快地卖出去。"

第 11 章

促成签单：
提高二手房的成交率

对于房产经纪人来说，做各种工作都是为促成客户签单，那么怎样才能提高客户的签单率呢？我们可以针对各种情景，制定具体的策略，从而引导更多客户签单，达到提高成交率的目的。

技巧 118 交流：帮助客户全家统一意见

【现实案例】

有一个购房者在二手房带看的过程中都是全家出动，但是每个人想要的房子都不同，全家讨论了很久也统一不了意见。如果你面对的是这样的客户，你会怎么与客户全家交流，帮助客户全家统一意见呢？

【要点展示】

通常来说，当购房者全家出动，又无法统一意见时，房产经纪人可以通过以下 4 种方法与购房者进行沟通，提高客户的签单率。

❶ 和找你的人沟通

一般情况下，主动找房产经纪人的购房者，为交易成功后的权利人，在其家庭中都有一定的话语权，而且即便该客户不是本次购房的关键决策人，他也会提示房产经纪人与购房决策人进行沟通。

❷ 选好沟通的时机

看房现场人多嘴杂，购房者全家很难进行有序沟通，且很多讨论的事宜，购房者更希望家庭内部成员知晓即可，并不想让房产经纪人知道。所以，房产经纪人可以给购房者一些时间，让购房者全家讨论完之后，再与购房决策人进行沟通。

❸ 利用盟友说服其他人

当购房者全家出动时，房产经纪人势单力薄，会显得没有多少话语权。此时，房产经纪人可以先博得某个有话语权的家庭成员的好感，将这个家庭成员变成自己的盟友，然后利用这个家庭成员去说服其他人。

❹ 扬长避短式地解说

针对购房者及其家人提出的主要问题，进行见招拆招的分析，紧扣购房决策人在意的房源亮点，进行扬长避短式的解说，与购房决策人站在同一立场，打消其他人的种种疑虑。

除了家庭成员之外，有的购买者可能还会带其他人(如律师、朋友等)一起来看房，房产经纪人要给足这些人面子，获取他们的好感。当然，如果这些人的态度太过强硬，房产经纪人也要发表自己的专业见解，不能因为迎合而一直示弱。

技巧 119　决心：让心动的购房者下决定

【现实案例】

小肖发现，有的购房者明明已经对某套二手房动心了，但是询问其是否要购买时，还是无法下定决心。面对这样的购房者，你如何帮其下定购买的决心呢？

【要点展示】

当购房者已经对二手房心动时，房产经纪人可以通过一些方法给其一个推力，引导客户签单，如图 11-1 所示。

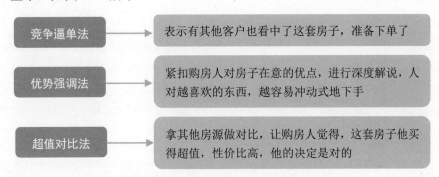

竞争逼单法	→	表示有其他客户也看中了这套房子，准备下单了
优势强调法		紧扣购房人对房子在意的优点，进行深度解说，人对越喜欢的东西，越容易冲动式地下手
超值对比法		拿其他房源做对比，让购房人觉得，这套房子他买得超值，性价比高，他的决定是对的

图 11-1　引导已动心客户签单的方法

以上办法是常规办法，最重要的还是与购房者沟通，知晓他的真实想法，从而"对症下药"，才更有效果。

技巧 120　考虑：购房者打算过段时间再看

【现实案例】

小萧觉得有的客户在二手房交易的过程中，考虑得过多了。例如，有位购房者对二手房基本都满意，就是觉得价格太高了，所以打算过一段时间再决定是否要买。如果你面对这位购房者，要怎样促成客户签单呢？

【要点展示】

购房者认为价格太高，打算过一段时间再决定是否买，很可能是因为他觉得过一段时间之后，该二手房的价格可能会降低一些。对此，房产经纪人可以在与购房者沟通时，通过 4 种方法来提高签单率，具体如下。

【方法 1】强调现在的价格不算高

部分购房者可能对二手房市场不太了解，所以觉得你推荐的二手房标价太高了，过几天可能就会降价。对此，房产经纪人可以通过如下方法增加购房者对市场的了解，让购房者明白该二手房的价格不算高。

❶ 与同类房源做对比

将该二手房与近期委托在售的其他同类二手房进行对比，让购房者了解市场行情。除此之外，房产经纪人也可以拿一些对价格期望值相对较高的卖房者委托在售的二手房与你推荐的二手房进行对比，让购房者明白你推荐的二手房价格不算高。

❷ 与最初的委托价对比

当你推荐的二手房现在的委托价与最初的委托价相比已经有所降低时，房产经纪人可以向购房者展示调价记录，将现在的委托价与最初的委托价进行对比，让购房者明白现在买比较划算。当然，为了避免客户继续等待该二手房降价，房产经纪人还需进行卖房者为何降价等相关分析，让购房者明白该二手房很难再降价了。

❸ 用成交数据说明

有的客户对房子中意，却因为价格犹豫了，无非是担心自己买亏了，此时结合近期成交数据进行说明比较有说服力。经纪人可通过房产相关门户网数据展示近期同类二手房的成交价，适当地突出其中较高的二手房成交价。这样，购房者基于对近期同类房源的实际成交价的了解，就能明白房产经纪人推荐的二手房价格并不高。

❹ 告知房价可能会上涨

房产经纪人可以将房价上涨的可能性告知购房者，让其明白现在这个价格是可遇不可求的，错过了可能就没有了。例如，房产经纪人可以说："因为卖房者急需资金周转，所以现在这个房子才会以低于市场价出售。我个人认为现在是购买这个房子的最佳时机，如果卖房者通过其他渠道获得了资金，那么出售价格肯定会回调的。"

【方法 2】适当让购买者占一些便宜

购买者觉得房价太高，主要是因为房价与自己的预期有一些差距。对此，房产经纪人可以让购买者占一些便宜，弥补这种差距，从而提高购买者的签单意愿，具体方法如图 11-2 所示。

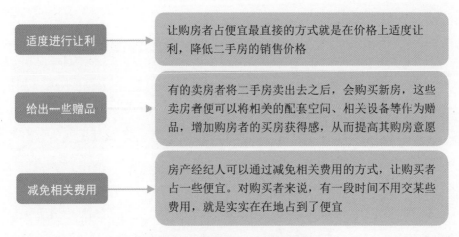

图 11-2　让购买者占一些便宜的方法

以适度进行让利为例，房产经纪人可以对购房者说："为了体现诚意，我就在我的权限范围内，给您最大的让利，在委托价的基础上降低 1 万元，您觉得怎么样？"对于购房者来说，这个让价就相当于是自己占到的便宜，所以听到让利之后，购房者就会坚定购买的决心。

【方法 3】表明价格还有商量的余地

很多二手房展示的售价只是委托价，并不是最终的成交价。也就是说，很多二手房的价格其实是有商量余地的。对此，房产经纪人可以帮购房者争取到更低的价格，从而达到促成客户签单的目的，具体方法如下。

❶ 与卖房者强化沟通

房产经纪人自行与卖房者沟通，先试探卖房者的心里底价，并通过与卖房者多次议价，让购房者获得更低的成交价。例如，房产经纪人可以先告知卖房者，现在这个价格有些高，房子可能很难卖出去，并询问是否能够降价出售。当卖房者给出新的价格之后，房产经纪人可以说这个价格还是超出客户的预期，并提出更接近客户心理预期的价格，以此引导卖房者再次调低售价。

❷ 买卖双方直接沟通

安排客户与卖房者直接见面沟通，是最高效的方法。俗话说"网上聊百遍，不如线下见一面"。让双方见面，直接沟通，然后使用"对半法则(即买卖双方虽然都想争取到利益的最大化，但是为了达成交易，最终都做出一些妥协)"来促成交易。

【方法 4】分析未来具有的不确定性

未来具有太多不确定性，房产经纪人可以为购房者分析你推荐的二手房可能会出现的变化，如图 11-3 所示。

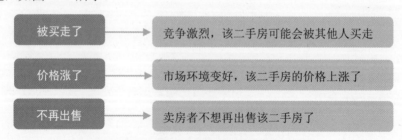

图 11-3 推荐的二手房可能会出现的变化

除此之外，房产经纪人可以结合二手房可能出现的变化，对购房者进行引导。如果只是市场环境变好了，购房者还能通过加价进行购买；如果出现的是其他变化，那么购房者就无法购买该二手房了。因此，购房者为了避免出现上述变化时自己处于被动，可能就会更愿意签单购买该二手房了。

技巧 121 做主：购房者说不能单独做决定

【现实案例】

小毕遇到过这样的购房者，他在看房时，对二手房比较满意，但是一说到要签单，却说自己做不了主，要和家人商量后再决定。面对这种情况，你会怎么做呢？还有必要引导他签单吗？

【要点展示】

对于这种购房者说自己做不了主，要和家人商量再决定是否要购买二手房的情况。房产经纪人应根据购房者的言行进行分析，判断他是真的做不了主，还是把做不了主当托词，然后分别制定不同的沟通策略，引导购房者完成签单。

【策略 1】真的做不了主

如果房产经纪人确定购房者是真的做不了主，那么可以给购房者说服家人购买二手房准备一些理由，如图 11-4 所示，让购房者的家人同意购买该二手房，从而有效地提高购房者的签单率。

例如，为了让购房者的家人更好地看到该二手房的优质配套资源，房产经纪人可以通过拍照片、视频的方式，将相关配套资源展示出来，让购房者的家人通过照片和视频获得直观的了解。

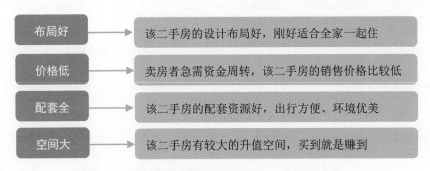

图 11-4　给购房者说服家人购买二手房准备的理由

【策略2】将"做不了主"当托词

如果房产经纪人确定购房者并不是真的做不了主，而是把"做不了主"当托词，那么可以通过沟通，了解购房者为什么要找托词，并对症下药帮其解决问题。如果购房者不愿意透露找托词的原因，房产经纪人可以结合二手房的相关信息进行说明，给出一些理由，增强购房者的购买意愿，具体方法如图 11-5 所示。

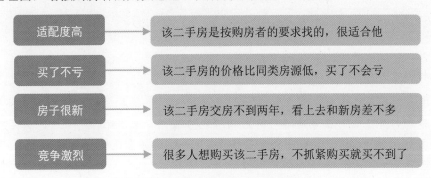

图 11-5　增强购房者购买意愿的理由

例如，房产经纪人可以从卖房者处获取房产证的附件或相关照片，然后将房产证的附件或相关照片展示出来，并将该二手房与同类价格相对较高的二手房进行对比，让购房者觉得你推荐的二手房不仅新，而且价格还便宜。

技巧122　纠结：购房者不知道要选哪套房

【现实案例】

小胡遇到过有选择困难症的购房者，根据需求找到的几个二手房，他都比较满意。但是，要他最终确定买哪一套，却一直无法作出决定。如果你面对这样的购房者，你会如何帮购房者作出选择，让其选到合适的房源呢？

【要点展示】

面对有选择困难症的购房者时，房产经纪人可以通过一些方法帮其作出选择，从而快速地促成客户签单，如图 11-6 所示。

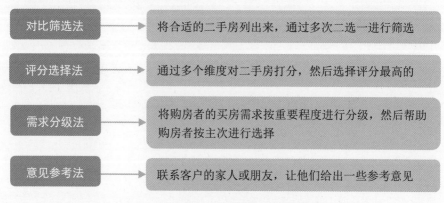

图 11-6　帮客户快速选择二手房的方法

技巧 123　定金：让考虑的购房者给出诚意

【现实案例】

对于房产经纪人来说，定金就是一种交易保障，交了定金的购房者，大概率会完成二手房的购买。小封在带看时看得出购房者对某个二手房比较感兴趣，但是购房者却说要考虑考虑，等过几天再决定要不要买，也不愿意交定金，这种情况下该怎么办呢？

【要点展示】

当购房者对某个二手房比较中意，但是却不愿意交定金时，房产经纪人需要重点做好两方面的工作：一是了解其不交定金的原因；二是提高其交定金的意愿，下面进行具体说明。

【工作 1】了解购房者不交定金的原因

如果购房者有购买需求，但是却不愿意交定金，房产经纪人可以通过沟通来了解其不愿意交定金的原因。通常来说，购房者不愿意交定金，主要有 4 方面的原因，如图 11-7 所示。

弄清了购房者不交定金的原因之后，房产经纪人可以根据原因来制定策略，引导购房者交定金。例如，当购房者觉得定金的数额太大时，房产经纪人可以和卖房者进行沟通，降低定金的数额。

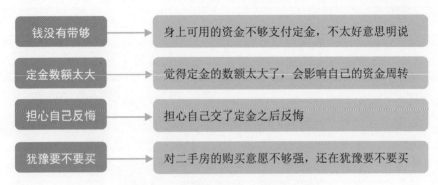

钱没有带够	身上可用的资金不够支付定金，不太好意思明说
定金数额太大	觉得定金的数额太大了，会影响自己的资金周转
担心自己反悔	担心自己交了定金之后反悔
犹豫要不要买	对二手房的购买意愿不够强，还在犹豫要不要买

图 11-7　购房者不愿意交定金的原因

【工作 2】提高购房者交定金的意愿

当购房者对交定金比较犹豫时，房产经纪人可以通过以下方法让其自愿交定金，从而提高客户的签单意愿。

❶ 说明交定金的重要性

交定金是购买诚意的一种体现，只有交了定金，才能说明购房者对二手房有较强的购买意愿。而且如果购房者没有交定金，卖房者会毫无顾虑地将二手房销售给其他有需求的客户。

房产经纪人可以通过举例说明，让购房者自愿交定金。例如，房产经纪人可以告诉购房者，曾经有一位购房者因为有一些顾虑，没有交定金。当晚回家之后，想了很久，最终决定购买该二手房，于是第二天就去交定金。结果第二天却被告知因为没交定金，该二手房已经被其他购房者购买了。

❷ 引导购房者先交定金

对于房产经纪人和卖房者来说，购房者交了定金这笔交易才有保障。因此，购房者了解了交定金的重要性之后，房产经纪人还要通过各种方法进行引导，让购房者先交定金。

技巧 124　资金：购房者说手上的钱不够

【现实案例】

有的客户也不知道是故意的，还是怎么回事，会出现一些突发情况。小申就遇到过这样的情况：本来说得好好的，等到要签单时，购房者却说自己手上的资金不够。如果是你遇到这种情况，该怎么办呢？

【要点展示】

当购房者说自己手上的资金不够时，房产经纪人可以通过委婉的询问，了解购房者是用于购房的资金不够，还是暂时出现了资金周转问题，并根据购房者的回答制定对应的沟通策略，引导购房者签单。

如果是用于购房的资金不够，房产经纪人可以告知购房者，购买二手房也是可以贷款的。除此之外，房产经纪人还可以根据购房者现有的资金，为其推荐其他价位合适的二手房。

如果购房者只是暂时出现了资金周转问题，房产经纪人可以通过一些方法将购房者往签单的方向引导，让其做好签单的准备，如图 11-8 所示。

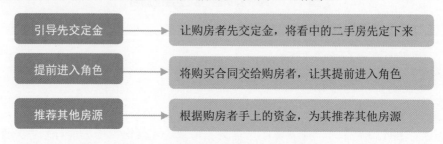

图 11-8　将客户往签单的方向引导的方法

技巧 125　同盟：借助你的盟友劝说购房者

【现实案例】

房产经纪人毕竟是二手房的推销者，所以对于房产经纪人的话，购房者有时候会持怀疑的态度。那么，面对这样的购房者，我们要怎么做才能提高二手房的成交率呢？

【要点展示】

当觉得凭自己的力量不足以促成签单时，房产经纪人可以借助同盟的力量去劝说购房者。具体来说，房产经纪人可以通过以下两种方法，借助同盟的力量劝说购房者。

❶ 借助同事劝说购房者

很多时候，一些优质的二手房很多房产经纪人都带看过了，此时房产经纪人便可以试着借助同事的力量来劝说购房者。例如，当同事近期带了人去看同一个二手房时，房产经纪人在与购房者接触的过程中如果碰到了该同事，可以询问带看的情况，这样购房者便会明白这个二手房其他人也在关注。

❷ 借助卖房者劝说购房者

在卖二手房这件事上，卖房者和房产经纪人的目的是相同的，如果和卖房者做好配合，促成签单会变得更容易。例如，当购房者对二手房比较满意，而有其他人确定要交定金时，房产经纪人便可以向卖房者询问交定金的时间，这样可以起到逼单的作用，让购房者更快地作出决定。

第 12 章

获得佣金：
保障自身的销售收入

在为买卖双方提供服务的过程中，房产经纪人要多注意与佣金相关的事项，并通过各种方式为销售佣金提供保障，这样才能避免做了很多事却拿不到佣金。本章就来为大家讲解相关的方法，帮助大家更好地保障自己的销售收入。

技巧126 时机：确定什么时候谈佣金

【现实案例】

小周知道，在二手房交易的过程中，为了保障自身收入，有必要跟客户谈一下佣金问题，但是她却不知道应该在什么时候谈。如果你是小周的师傅，你会给她哪些建议呢？

【要点展示】

对于房产经纪人来说，如果选择的时机不当，可能就会变得非常被动。具体来说，谈佣金的常见时机主要有3个，如图12-1所示。

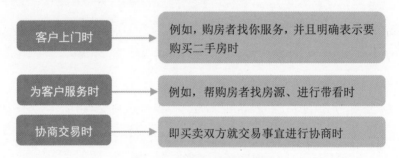

图12-1 谈佣金的常见时机

房产经纪人需要选择早一点的时机谈好佣金，这样既可以避免让自己处于被动地位，也可以让客户有一个心理准备。具体来说，房产经纪人最好选择图12-1中的前两个时机谈好佣金，等过了这两个时机，房产经纪人可能就没有多少话语权了。

技巧127 技巧：掌握谈佣金的基本方式

【现实案例】

房产经纪人小吴最近有些焦虑，主要是因为几笔交易的佣金谈得不太顺利，要么是自己忘了佣金的基本内容，要么是客户不愿意支付佣金。如果你是小吴的师傅，你会给他传授哪些谈佣金的技巧呢？

【要点展示】

确定谈佣金的时机之后，房产经纪人还需要确定谈佣金的方式。那么，房产经纪人要怎么和客户谈佣金呢？这就需要房产经纪人做好两方面的工作，即确定佣金的基本内容和掌握谈佣金的技巧。

确定佣金的基本内容，可以让客户快速了解佣金的基本信息，避免造成后期支付不便。具体来说，房产经纪人可以从 4 个方面确定佣金的基本内容，如图 12-2 所示。

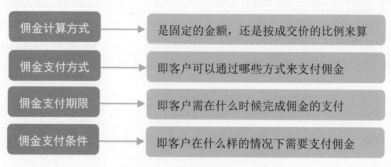

佣金计算方式	是固定的金额，还是按成交价的比例来算
佣金支付方式	即客户可以通过哪些方式来支付佣金
佣金支付期限	即客户需在什么时候完成佣金的支付
佣金支付条件	即客户在什么样的情况下需要支付佣金

图 12-2　确定佣金的基本内容

而掌握谈佣金的技巧，可以提高客户支付佣金的意愿，给房产经纪人获得佣金提供一些保障。具体来说，在谈佣金时，房产经纪人需要掌握以下两个技巧。

❶ 体现自身价值

为客户讲解该佣金包含的服务范围，特别是多讲客户担心的资金安全问题等，是花小钱保大钱，同时享受整个交易过程中的省心、省力和省时。例如，对于购房者，房产经纪人可以说，自己可以为他提供全程服务，直到让他购买到满意的二手房，才会按规定收取佣金。

❷ 签署相关合同

佣金谈妥之后，要签署相关的合同，并要求客户在合同上签字，从而让你的佣金获得法律保障。例如，房鱼地产为了保障客户的利益，在佣金上作出了"交易不成佣金全退"的服务承诺，只要合同关系终止了，买卖双方支付的佣金都必须无条件退还，这样能让客户放心。

技巧 128　打折：拒绝客户的佣金优惠要求

【现实案例】

房产经纪人小马好不容易引导买卖双方协商好，眼看买卖双方就要签约了，但是购房者却要求佣金打折，否则就不买了。遇到这样的情况，要怎么处理才能保障自己的收入呢？

【要点展示】

很多人在日常生活中喜欢讨价还价，他们无论购买什么东西或享受什么服务，都要砍一下价。因此，即便是看到房产经纪人一直在用心服务，他也会在签约之前进行砍价，更有甚者会威胁说："佣金不打折，这个房子我就不买了！"对于这些砍价的购房者，房产经纪人可以通过以下 4 种策略进行沟通。

❶ 让购房者接受原来的佣金

房产经纪人可以结合自身的服务过程进行说明，让购房者觉得自己一直在忙前忙后，这笔佣金是自己的劳动成果。例如，房产经纪人可以对购房者说："您可以回忆一下，为了让您买到满意的房子，我带您看了多少套二手房，花了多少时间。我粗略统计了一下，一共看了 30 套不重复的房源，仅您中意的那套咱们就看了 8 次。"

❷ 让购房者进行换位思考

房产经纪人可以引导购房者进行换位思考，让购房者觉得你拿那么多佣金是应该的。例如，房产经纪人可以对购房者说："您可以换位思考一下，如果您用了差不多一个星期终于找到合适的二手房了，却不能拿到预期的佣金，您会怎么想呢？"购房者换位思考之后会感受到房产经纪人的不容易，就不好意思再要求把佣金打折了。

❸ 适当地给购房者打一些折

如果购房者一再坚持，要求必须打折，那么为了留住该购房者，房产经纪人也可以考虑适当打一些折。当然，佣金直接关乎自己的收益，所以即便要打折，房产经纪人也要控制折扣的力度，尽量用小幅度的折扣将购房者留下来。

❹ 直接拿合同来说事

如果事先与购房者签订了佣金合同，房产经纪人可以直接对购房者说，这个在合同中已经约定好了，不能临时再改了；如果还没有与购房者签订佣金合同，房产经纪人可以将门店中的相关条款展示出来，让购房者明白你是按规定收取佣金的。

当然，在实际执行时，房产经纪人也可以同时使用多种方法，拒绝购房者的打折要求，或者尽量少打一些折。在此过程中只需把握一个核心要点，那就是想办法保障佣金收益。

优惠的退让策略：一是可以先否定，先说不行，看看对方的态度是否强硬，如果他非常中意房源和性价比，即使你不让利他也会买；二是先让利 10%，有些态度不坚定的客户其实就是想要一个优惠，我们可以先紧后松，即先不给大的优惠。

技巧 129　免佣：卖房者不想付佣金怎么办

【现实案例】

房产经纪人的主要收入来源就是佣金，如果客户不付佣金，等于白忙活，小马遇到的这位卖房者就不愿意支付佣金。如果遇到这样的卖房者，你会怎么做呢？

【要点展示】

有的卖房者为了保障自身的权益，可能会提出免中介费(即房产经纪人的佣金)的要求。很显然，房产经纪人是不可能答应这种要求的。那么，当卖房者要求免中介费时，房产经纪人要怎么应对呢？对此，房产经纪人可以通过 5 种方法，拒绝卖房者的免中介费要求，如图 12-3 所示。

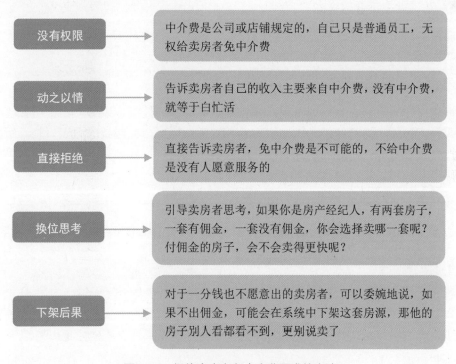

没有权限	中介费是公司或店铺规定的，自己只是普通员工，无权给卖房者免中介费
动之以情	告诉卖房者自己的收入主要来自中介费，没有中介费，就等于白忙活
直接拒绝	直接告诉卖房者，免中介费是不可能的，不给中介费是没有人愿意服务的
换位思考	引导卖房者思考，如果你是房产经纪人，有两套房子，一套有佣金，一套没有佣金，你会选择卖哪一套呢？付佣金的房子，会不会卖得更快呢？
下架后果	对于一分钱也不愿意出的卖房者，可以委婉地说，如果不出佣金，可能会在系统中下架这套房源，那他的房子别人看都看不到，更别说卖了

图 12-3　拒绝卖房者免中介费要求的方法

技巧 130　转移：卖房者要求购房者付佣金

【现实案例】

有的卖房者认为在买卖二手房的过程中，只要有一方支付佣金就行了，因此为了转移自己的压力，要求购房者支付佣金，也就是将二手房的估价，加上卖房者应付的佣金，作为二手房的标价。对于这种情况你应该如何处理呢？

【要点展示】

有的业主为了提高自身的收益，会将二手房的估价和需要支付的佣金加起来，作为二手房的标价。对于这样的卖房者，房产经纪人需要通过以下方法进行引导，让其自愿调整二手房的标价。

❶ 劝说业主不要这样做

通过多次沟通，表达自己的态度，让业主明白这样做对于出售二手房是弊大于利的，劝说业主调整定价策略，不要把二手房的标价定得太高。

❷ 说出这样做的不利之处

把这样做的不利之处都列出来，或者重点对某个坏处进行讲解，让卖房者明白不能这么做。例如，房产经纪人告知卖房者，这样做标价会比同类房源高一些。所以，购房者在挑选房源时，可能会优先选择其他的二手房。这样一来，卖房者的二手房就很难卖出去，如果急于用钱，卖房者就会变得很被动。

技巧 131　协调：引导买卖双方坐下来协商

【现实案例】

购房者看中了某个二手房，并且已经交了定金，但是买卖双方却在协商时出了问题，意见无法达成一致，交易很难进行下去。对于房产经纪人来说，如果完不成交易就无法获得佣金，在这种情况下要怎样做才能更好地保障自身的佣金收入呢？

【要点展示】

即便交了定金，也可能仍旧无法顺利完成二手房的交易，因为买卖双方坐下来就相关事宜进行协商时，可能会因为意见不统一发生争执，让交易陷入僵持。那么，面对这种情况，房产经纪人如何进行沟通，才能让交易顺利进行下去呢？对此，房产经纪人需要掌握以下沟通技巧。

❶ 安抚双方的情绪

如果买卖双方协商时发生了争执，甚至某一方有点生气了，那么房产经纪人就需要站出来维护协商的秩序，并安抚好双方的情绪，只有这样，才能让协商顺利进行下去。

例如，由两个经纪人，分别将买卖双方引到不同的空间，首先站在他的立场，认同他的观点，然后让他平复一下心情。等他心情平复了，再适当地说说对方的合理性，也请他考虑一下，作出一点点让步。

❷ 帮忙解决问题

如果在协商过程中，是因为某一方提出的问题没有得到解决，那么房产经纪人需要想办法帮忙解决，让买卖双方都放下心来进行交易。我们的目的是成交，遇到问题就要想办法解决问题，推动双方往成交这个目标前进。

技巧 132　分期：客户希望分多次支付佣金

【现实案例】

在谈佣金的时候，有的客户说佣金的金额比较大，一下子拿不出这么多钱，要求分多次进行支付，每次只支付一部分。面对这样的客户，要怎么做才能保障自身的佣金收入呢？

【要点展示】

随着分期支付的兴起，当需要支付的金额比较大时，很多人习惯分多次进行支付。也正是因为如此，部分客户可能会提出分多次付佣金的想法。对此，房产经纪人可以通过以下策略与客户进行沟通。

❶ 表示没有这样的先例

房产经纪人可以告诉客户，在二手房交易行业中，都是一次性支付全部佣金的，自己的从业经历中也没有分多次支付的先例，并表示只能按规矩办事，不能破例。

❷ 在佣金合同中写明

如果客户坚持要分多次支付，房产经纪人也接受了这个建议，那么可以将多次付佣金的相关事项都写进佣金合同中，并要求客户签字，让自己的佣金收益得到保障。但有一个重要原则，就是前期付得越多越好，后期留的尾款越少越好。

技巧 133　跳单：买卖双方私自成交该怎么办

【现实案例】

作为房产经纪人，小甄充分发挥了沟通桥梁的作用，眼看就要签单了，结果被卖房者告知房子不卖了。通过了解才知道，是买卖双方背着自己私下完成了交易。面对这样的情况，小甄该怎么办？

【要点展示】

客户跳单是所有房产经纪人都不愿意遇到的一种情况，因为如果没有处理好客户跳单，房产经纪人可能就拿不到应得的佣金。为了应对客户跳单，房产经纪人需要重点掌握客户跳单的处理方法和防止客户跳单的方法，下面进行具体说明。

【方法 1】客户跳单的处理

当出现客户跳单的情况时，房产经纪人需要通过一些方法来处理客户跳单，如图 12-4 所示。

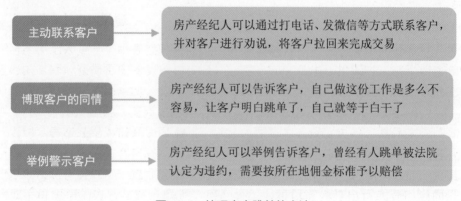

主动联系客户	房产经纪人可以通过打电话、发微信等方式联系客户，并对客户进行劝说，将客户拉回来完成交易
博取客户的同情	房产经纪人可以告诉客户，自己做这份工作是多么不容易，让客户明白跳单了，自己就等于白干了
举例警示客户	房产经纪人可以举例告诉客户，曾经有人跳单被法院认定为违约，需要按所在地佣金标准予以赔偿

图 12-4　处理客户跳单的方法

【方法 2】防止客户跳单

既然客户跳单对自己不利，那么房产经纪人便需要想办法防止出现客户跳单的情况。那么，如何防止客户跳单呢？房产经纪人需要掌握以下方法。

① 签订相关的合同

房产经纪人可以就自身提供的服务签订相关合同，让自身的服务得到法律的保障。这样，即使最后被迫对簿公堂，自己也能将合同作为有利的证据。

例如，房产经纪人在卖房者登记房源出售时，可以要求其签署《房屋委托出售协议》，并在协议中写明，自己带看的二手房，只能通过自己进行交易。这样一来，即便客户最后跳单了，房产经纪人也可以凭该合同维护自身的权益，拿到该拿的佣金。对于购房者也一样，需要在为其提供带看服务前，先与其签订《看房协议》或者《房屋委托购买协议》。

❷ 用心提供好服务

房产经纪人的工作本身就是一种服务型工作，因此用心服务好客户也是其工作要求。而且，大多数人是善良的，如果房产经纪人全程都在用心地提供服务，客户一般也不太好意思跳单。

❸ 避免买卖双方见面

为了避免买卖双方私自完成交易，房产经纪人可以尽量避免买卖双方见面，让买卖双方没有太多接触的机会。这样，即便买卖双方有跳单的想法，可能也做不到。

❹ 熟悉加人品了解

越是熟人，越会不好意思，因为跳单的道德成本很高，因此在与客户相处的过程中，要尽量多沟通，有时候可以适当地接送对方回家，这样对方就会明白你知道他的工作单位与家在哪里，一旦违约可能会有麻烦。当然，在与客户接触的过程中，还要了解一下客户的人品，看他是否守时、守信。

技巧 134　退钱：购房者后悔了想要回定金

【现实案例】

通常来说，定金就是一种诚意金，交了之后就很难再要回去了。但是，有的购房者交了定金之后，却因为种种原因萌生退意，并且还想让房产经纪人帮忙要回。如果你遇到这种情况，该怎么应对呢？

【要点展示】

针对购房者萌生退意，想将定金要回，房产经纪人可以使用以下策略与购房者进行沟通。

❶ 了解购房者退定金的原因

购房者都知道，交了定金之后是很难要回来的，所以除了特殊情况外，大多数购房者都不会要求退定金的。对此，房产经纪人可以与购房者进行沟通，了解其退定金的原因，为之后劝说卖房者退定金准备有说服力的理由。

❷ 引导购房者继续交易

房产经纪人应该告诉购房者，交了定金之后，一般是不能退回的，所以为了避免造成直接损失，最好还是继续进行交易。

❸ 先给购房者打好预防针

房产经纪人可以事先告知购房者，因为是购房者要求退定金的，所以是购房者违反彼此的约定，卖房者可能不会同意退定金。例如，房产经纪人可以对购房者说："因为是您反悔了，所以卖房者大概率是不会同意退定金的，这一点我需要先跟您说清楚。如果多次沟通之后，卖房者还是不同意退定金，那我也没有办法。"

接受了购房者的退定金要求之后，房产经纪人要及时与卖房者进行沟通，想办法让卖房者把定金退给购房者。具体来说，房产经纪人可以通过如下策略，劝说卖房者退定金。

❶ 告知退定金的原因

在与购房者沟通时，房产经纪人已经了解了其退定金的原因。因此，在与卖房者沟通时，房产经纪人可以直接将购房者要退定金的原因说出来，如果购房者的原因比较有说服力，卖房者可能会同意退定金。

❷ 向卖房者表达歉意

因为要回定金这件事是购房者违背了承诺，而房产经纪人此时也是购房者的沟通代表，所以房产经纪人要代表购房者向卖房者表达歉意。如果卖房者因为购房者违背承诺有了情绪，房产经纪人还需要通过表达歉意，来安抚卖房者的情绪。

❸ 引导卖房者换位思考

房产经纪人可以通过语言引导，让卖房者进行换位思考。这样，卖房者可能会体会到购房者的不易，从而出于同情，将定金退给购房者。例如，房产经纪人可以对卖房者说："购房者也是迫不得已才提出退定金这个要求的，您可以换位思考一下，如果您是购房者，在急需用钱的时候，却要不回定金，会是什么样的感觉呢？"

因为签了书面协议，卖房者不退定金是本分，退了是情分，上上之策还是找到购房者不买的原因，如果对房间不满意或者是价格的问题，都可以与卖房者再协商，力争让卖房者再作出一点让步，达到成交，这样对双方都好。

技巧 135　被换：客户更换房产经纪人怎么办

【现实案例】

小冯努力了几天，好不容易让买卖双方的意见达成了一致，但是客户为了省钱，临时换了其他的房产经纪人。眼看着煮熟的鸭子就这么飞了，小冯却不知道该如何是好。如果你是他的师傅，你会给他哪些建议呢？

【要点展示】

有的客户为了自身的利益，可能会在即将达成交易时更换房产经纪人。对于这样的客户，房产经纪人可以通过如下方法进行沟通。

❶ 主动降低佣金

既然客户是为了节省费用才更换中介，房产经纪人便可以与客户进行沟通，并在自己最高权限范围内主动降低佣金，让客户觉得找你合作很划算。

❷ 耐心进行劝说

了解到客户试图通过更换房产经纪人完成交易时，房产经纪人可以及时与客户进行沟通，并耐心地劝说客户，让客户感受到你的合作诚意。

❸ 寻求法律帮助

如果客户是享受了一段时间的服务，在即将达成交易时更换了中介，房产经纪人劝说无效之后，可以告诉客户，自己会寻求法律的帮助。

后期这种情况发生时，要挽回难度是很大的，换言之，挽回的概率是很低的。上上之策是在前期，从时间上、精力上、专业上、服务上，让客户感觉，你为了他的房子付出了很多。还有一个关键，不能在服务上出现大的错误，否则对方说是你的问题，就"回天乏力"了。

一旦你表现了你的优秀，一般聪明的、有道德的客户不会也不敢轻易换掉你，因为他也会考虑得罪你的后果。那对付没有道德的客户，前期只能靠我们对他人品的判断，后期主要靠法律的帮助了。

技巧 136　婉拒：合理拒绝老客户的优惠要求

【现实案例】

这是小马为这位客户销售的第二套二手房了，之前的合作也比较愉快，小马当时就答应客户以后找自己卖房可以在佣金上给一些优惠。因此，这次快要完成交易时，客户微笑着说佣金能不能再便宜一点。面对这种情况，小马要如何应对呢？

【要点展示】

对于客户来说，再次找房产经纪人买卖二手房，算是对房产经纪人的一种照顾，因此在佣金上要一些优惠也是很合理的。对于老客户的佣金优惠要求，房产经纪人可以通过以下两种方法婉拒。

❶ 表明已经优惠了

如果佣金确实已经优惠了，房产经纪人可以直接告知客户，并拿日常的佣金进行对比。这样，客户就会明白确实已经优惠了，也就不好意思再提出优惠要求了。

❷ 给一些其他的回馈

如果不想给佣金优惠，房产经纪人可以通过其他回馈老顾客活动的形式给予一些福利，增加客户的获得感，让客户觉得自己已经获得了一些好处。例如，可以给卖房者买一些上档次的绿植或者高品质的家居用品等，让客户有温暖的体验感。

技巧 137　让利：斤斤计较的客户要给些好处

【现实案例】

小胡曾经遇到一位斤斤计较的客户，即便是一些不重要的事，他也要郑重其事地说出来。好不容易就要促成交易了，这位客户又计较起佣金了。面对这样的客户，要如何保障自己的佣金收入呢？

【要点展示】

对于斤斤计较的客户，房产经纪人可以适当让利，给对方一些好处，让其不好再计较什么。具体来说，房产经纪人可以通过以下 3 种方法，给客户一些好处。

❶ 降低佣金

既然客户对于佣金比较在意，那房产经纪人就适当地降低一些佣金，这样客户觉得自己的目的达到了，二手房交易也会更容易达成。当然，为了保障自己的佣金收入，房产经纪人还得控制佣金的降低额度。

❷ 帮助谈价

客户计较佣金，实际上是觉得自己的支出有点多，此时房产经纪人答应帮其谈价，便能达到控制客户支出的目的。例如，卖房者计较佣金时，房产经纪人可以说能帮他找到出价更高的购房者，增加其卖房收入。

❸ 下次给优惠

有时候，房产经纪人可以适当地开一下空头支票，承诺下次交易时给一些优惠。这样做，不仅可以让客户觉得自己获得了一些好处，而且还可以增加再次合作的机会，提升以后获得佣金的可能性。

第 13 章

签订合同：
办理二手房买卖的手续

买卖双方确定合作之后，房产经纪人需要引导他们快速签订合同，并办理好相关手续，完成二手房的买卖。当然，在签订合同和办理相关手续时，房产经纪人还需要特别注意某些方面的事项，本章进行具体讲解。

技巧 138　保障：做好签约的各种准备

【现实案例】

购房者交完定金后，接下来只需要签约，就可以完成交易了。但这是小马第一次准备签约，他非常紧张，不知道该怎么办。如果你是小马的师傅，你觉得怎样才能让成功签约更有保障呢？

【要点展示】

签订二手房买卖合同并非儿戏，无论是买卖双方，还是房产经纪人都要重视起来。为了确保签约的顺利进行，房产经纪人需要重点做好以下 4 方面的准备工作。

【准备 1】人员

签订二手房买卖合同的人员准备，就是将相关人员都通知到位，确保签约时这些人都在场。具体来说，签订二手房买卖合同时，以下几类人员都要在场。

❶ 购房者

购房者是这场交易的主角之一，通常情况下，在签订二手房买卖合同时，购房者必须在场，购房者本人不能抵达现场的，则需要写一个委托证明。

❷ 产权人

产权人是这场交易的另一个主角，因此在签订二手房买卖合同时，产权人也应该在场。例如，有的房产出售人就是产权人本人，且产权是单独所有，此时产权人本人到场签署即可。

❸ 房产经纪人

房产经纪人是这场交易的中间人，需要及时对买卖双方进行引导，并准备相关的签约材料，所以签订二手房买卖合同时也必须在场，最好带一两个同事来辅助自己。例如，房鱼地产在签约时，除了带看的房产经纪人，还有房源维护人、专业的签约经理、负责后勤的签约助理等陪同，大大提升了客户签单的体验感。

❹ 其他相关人员

除了购房者、业主和房产经纪人外，其他的相关人员有时也会参与或见证二手房买卖合同的签订。例如，有一种特殊情况，一定要提前沟通好，就是委托家人或朋友签订二手房买卖合同的，需要提醒对方先去办理相关权利授权的委托公证书。

【准备2】物件

签订二手房合同的物件准备，即准备好签约过程中需要用到的东西。通常来说，签约时需要用到3类物件，如图13-1所示。

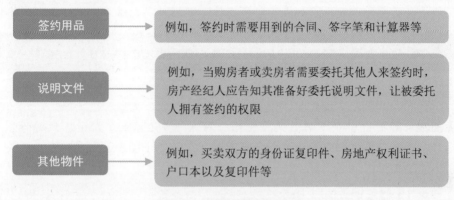

签约用品	→	例如，签约时需要用到的合同、签字笔和计算器等
说明文件	→	例如，当购房者或卖房者需要委托其他人来签约时，房产经纪人应告知其准备好委托说明文件，让被委托人拥有签约的权限
其他物件	→	例如，买卖双方的身份证复印件、房地产权利证书、户口本以及复印件等

图13-1 签约要准备的物件

需要注意的是，不到买卖双方都签完字的那一刻，中间依然有很多变数，对于没有车的客户，或者做事有些拖拉的客户，房产经纪人最好接他一块去签约，这样在时间、地点、程序上都能减少变数，为顺利成交规避一些不利因素。

【准备3】时间

签订二手房买卖合同的时间准备，即确定合同签订开始的时间和持续的时间，确保买卖双方都有时间来完成合同的签订。

❶ 开始的时间

开始的时间即确定签订二手房买卖合同是哪一天的什么时刻，这个时间最好定为某一天的整点时刻。

❷ 持续的时间

持续的时间即房产经纪人根据自身经验，确定合同签订的大体持续时间，并将其告知买卖双方，让他们腾出时间来签约。

【准备4】地点

签订二手房买卖合同的地点准备，即确定在什么地方签订合同。通常来说，这应该是一个买卖双方都知道，并且都能快速到达的地方。一般是在房产经纪人的总店，或专门的签约店。

技巧 139 要点：掌握合同签订的关键点

【现实案例】

在二手房交易的过程中，如果某些事情没有做好，买卖双方可能会出现纠纷。这一点房产经纪人小肖深有体会，有位卖房者说二手房的面积是 108 平方米，等购房者拿到房产证之后才发现实际面积是 102 平方米。虽然卖房者说是自己记错了，但是购房者还是感觉被骗了，于是双方发生了纠纷。那么，房产经纪人如何做才能在签订合同之前就避免这种纠纷呢？

【要点展示】

签订二手房交易合同并非只是在合同上签字，其中还包含了许多需要特别关注的要点。下面就来对二手房交易合同签订的 5 个要点进行简单说明。

【要点 1】验证相关信息

在签订二手房交易合同的过程中，房产经纪人和买卖双方有必要验证相关信息，确保信息的真实、有效，这样可以让签订的合同更有保障。具体来说，签订二手房交易合同时，需要验证 3 方面的信息，如图 13-2 所示。

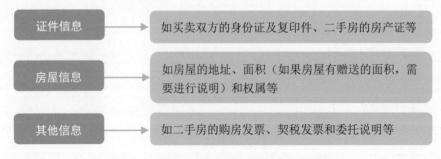

证件信息	如买卖双方的身份证及复印件、二手房的房产证等
房屋信息	如房屋的地址、面积（如果房屋有赠送的面积，需要进行说明）和权属等
其他信息	如二手房的购房发票、契税发票和委托说明等

图 13-2 签订二手房交易合同需要验证的信息

【要点 2】约定相关款项

二手房交易的款项主要包括购房款项和交易税费。对于购房款项，买卖双方需要约定好购房的总款项、首付款、尾款、付款方式和条件等；对于交易税费，买卖双方可以约定各自需要承担的部分。

具体来说，购房者需要单独承担的税费主要包括契税和土地出让金；业主需要单独承担的税费主要包括营业税、个人所得税。如果是商业性质的二手房，买卖双方还需要共同承担印花税。

例如，因为房地产交易政策时常有变化，所以房产经纪人预算的交易费用，可能与实际交易时有出入，这时候，经纪人就需要提前沟通好，说到时以实际打印的税费为准，免得预算与实际交易费用不一样。

▲【要点3】确定交房细节

通常来说，买卖双方需要在签订二手房交易合同之后，确定交房的相关细节，包括交房的时间(具体到哪一天的几点)和费用结算(如物业费、电费、水费和煤气费)等。

▲【要点4】写明违约责任

为了避免因一方无故取消交易，造成另一方蒙受损失，买卖双方需要对违约责任进行协商，并以书面的形式写明。这样，即便后期出了问题，也可以据此划分责任，避免出现纠纷。

▲【要点5】补充相关条款

如果买卖双方有需要特别说明的事项，房产经纪人可以通过补充条款的方式呈现出来。例如，房产经纪人在制作二手房交易合同的过程中，可以对买卖双方说："大家还有没有需要特别说明的事项，如果有，请及时说出来，我们可以通过补充条款的方式呈现在交易合同中。"

技巧140　缺席：签约时有一方来不了

【现实案例】

小胡明明已经和买卖双方约好了签约的时间，但是等时间到了，购房者却还没有到，可是签合同需要买卖双方都到场才行。在这种情况下，小胡要怎么做才能让合同签订继续下去呢？

【要点展示】

当签约时间快到了，其中的一方却临时找理由不来时，房产经纪人可以通过如下策略，与买卖双方进行沟通。

❶ 引导缺席的一方参与签约

与缺席的一方联系，表示另一方已经做好了签约的准备，这时候说不来了会影响之后的签约。另外，如果是因为客观原因确实来不了，房产经纪人还可以让缺席的一方委托其他人参与签约。

例如，房产经纪人可以对缺席的一方说："对方(即另一方)是特意腾出时间来签约的，如果您今天不来，之后他可能没有心思再签约了。您是有什么原因过不来呢？能不能写个委托说明，让家人帮您来签约呢？"

❷ 安抚好另一方的情绪

如果确认签约只能改天进行，房产经纪人需要与另一方及时进行沟通，并表示签约需要改天进行，同时要对其表示歉意；如果确认签约时间要推迟，房产经纪人需要提前告知另一方，让其晚一点再过来，免得等太久，并为签约无法如期进行表达歉意。

从事房产交易的经纪人都明白，整个交易过程中，什么情况都有可能发生，说好了要签合同的最后成交不了，看似没希望的最后却成交了，中间你能想到的和不能想到的问题，真是层出不穷，还会百转千回。作为房产经纪人，需要一颗强大的心脏，来应对这些千变万化，关键还要"笑看风云"，收拾好心情，以积极、乐观的态度，解决种种问题，闯过层层关卡，奔向成交的目标。

技巧 141　阻挠：卖房者受到外力影响

【现实案例】

房产经纪人小马本来与买卖双方约好了签合同的时间，谁知时间临近时，卖房者却说不想签约了。通过询问才知道，卖房者受到了外力影响，觉得自己给出的价有些低了。此时，房产经纪人要怎么做才能让合同签订正常进行下去呢？

【要点展示】

如果确定是因为卖房者受到外力的阻挠，觉得自己吃亏了，想要取消签约或调整出售价格，房产经纪人需要重点做好以下两方面的工作。

【工作1】找出外力的主要来源

既然卖房者是受到外力的影响之后觉得自己吃亏了，那么房产经纪人需要及时与卖房者进行沟通，了解外力的主要来源，这样才能对症下药，说服卖房者按原来约定好的内容进行签约。

确定外力的主要来源后，房产经纪人便可以根据该外力来制定沟通策略，说服卖房者按约定签约，具体如下。

❶ 其他房产经纪人

其他房产经纪人看到房源信息之后，可能会与卖房者取得联系，了解到即将签约时，为了阻挠签约，这些房产经纪人可能会说自己能卖出更高的价格之类的话。对此，房产经纪人可以告诉卖房者，现在定的价格是比较合理的，那些房产经纪人只是为了阻挠交易，才说可以卖出更高价格的。

❷ 卖房者的亲戚朋友

卖房者的亲戚朋友可能不太了解行情，他们可能觉得现在想买二手房的人比较多，可以卖出更高的价格，于是随口说了一句："价格定低了。"对此，房产经纪人可以告诉卖房者，这些人的心是好的，但是他们不了解行情，所以主观地认为价格定低了。

❸ 卖房者接触的信息

有时候卖房者在网上看到某个二手房的出售价格比起自己约定的价格要高一些，就觉得用这样的价格将二手房卖出去有些吃亏。对此，房产经纪人可以通过成交时间、所在区域和房源质量等方面进行对比，让购房者意识到不同的二手房，成交价格也会有所差异。

【工作2】让卖房者觉得自己没吃亏

因为卖房者是受外力的阻挠，觉得按约定的价格出售二手房自己吃亏了，所以房产经纪人只要想办法让卖房者觉得自己并没有吃亏，那么他可能就会愿意按约定签约了。具体来说，房产经纪人可以通过如图 13-3 所示的方法，让卖房者觉得按约定的价格成交，自己并没有吃亏。

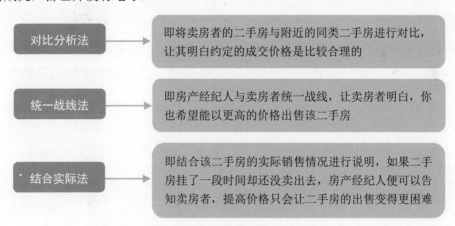

图 13-3　让卖房者觉得自己没吃亏的方法

例如，房产经纪人可以从不利后果的角度进行劝说，具体如下。

❶ 价格角度

目前购房者出的价格还不错，这也是对方能够承受的预算，如果你现在不卖，下一个客户的预算可能还没有这个客户高。

❷ 时间角度

这套房源在系统中已经挂了一年了，好不容易有人看中了，如果再提价，这个客户一旦不买了，那这套房可能还会挂上一年甚至更久的时间。

❸ 成本角度

为了卖掉这套房，你也花了不少时间和精力，如果此时不成交，到时你又要花时间与新客户沟通，有时还需要沟通多次，这样你会很累。

❹ 客户角度

现在房产市场低迷，看房的客户很少，更不用说真实的购房客户了，一旦错过了这个客户，那下一个客户还不知道在哪里呢。

❺ 还款角度

现在房子早点卖掉，你的贷款也就不用还了，这一年省下来的利息也有好几万，关键是你的资金"落袋为安"了。

❻ 收益角度

如果对方没有月供欠款，那这笔几百万元的资金，存在银行也会有不少利息。

❼ 取现角度

钱放在银行取出来，比卖房要轻松多了，想要用钱时直接取出就行了，而再卖房需要一个长时间的过程，短则数月，长则数年。

技巧 142　资格：购房者达不到购房要求

【现实案例】

本来在签订合同之前，就应该对买卖双方的相关资质进行验证，但是由于对客户的信任，房产经纪人小庞就没有特别关注这方面的信息。谁知，买卖双方签订合同后去过户时才发现购房者竟然没有购房资格，这种情况该怎么办呢？

【要点展示】

了解到购房者没有购房资格，所以无法完成二手房过户后，房产经纪人可以通过如下方法与买卖双方进行沟通。

❶ 帮助购房者获得购房资格

因为购房者没有购房资格，所以即便买卖双方签订了合同，购房者也不能将二手房过户到自己名下，这样对购房者来说，显然是没有保障的。因此，房产经纪人需要了解购房者无法获得购房资格的原因，并想办法尽快让购房者获得购房资格，只有这样，才能顺利完成二手房的交易。

❷ 协助买卖双方取消交易

可能购房者获取购房资格需要较长一段时间，卖房者不可能一直在那里等着。因此，房产经纪人此时有义务协助买卖双方取消交易，让卖房者可以重新出售自己的二手房。当然，如果购房者快速取得了购房资格，而对应的二手房又没有卖出去，那么房产经纪人也可以再次将买卖双方组织起来，探讨一下是否能重新进行交易。

技巧143　条款：客户对相关事项不同意

【现实案例】

购房者看房之后很满意，而且买卖双方通过协商达成了一致，于是房产经纪人小胡就着手拟定合同了。谁知，购房者签约时看到某个条款时却犹豫了，遇到这种情况该怎么处理呢？

【要点展示】

签约是买卖二手房的关键一步，签订合同就相当于买卖二手房成功了。因此，如果客户签约时看到某个条款犹豫了，房产经纪人一定要及时进行沟通，打消客户的疑虑，让其放心地购买二手房。具体来说，当客户对某个条款犹豫时，房产经纪人需要做好如下工作。

❶ 对每个条款都进行具体解读

可能有的条款中会包含一些专业术语，房产经纪人需要为客户具体解读某个条款，确保客户完全明白某个条款的内容。

❷ 让客户明白条款的重要性

房产经纪人可以引导客户进行换位思考，让其理解条款的相关规定，这对于买卖双方都是一个保障。

❸ 耐心消除客户的疑虑

当客户看到某个条款时，可能会有一些疑虑，房产经纪人需要用自己的专业知识解答客户的疑虑。

❹ 进行扬长避短式说明

找到条款中对于客户有利的一面进行重点说明，让其明白该条款对他来说是利大于弊的。

技巧 144　贷款：购房者的审批没有通过

【现实案例】

房产经纪人小李好不容易让买卖双方签订了合同，眼看着只要银行放贷并完成过户，便可以完成二手房交易。谁知购房者的贷款申请却没有通过，因此购房者无法按照合同要求支付购房的款项。如果你遇到了这种情况，该如何处理呢？

【要点展示】

很多购房者的资金有限，需要依靠银行贷款来购买二手房，如果银行不给放贷款，他们根本就买不起二手房。对于那种已经签约，但是银行却不贷款给购房者的情况，房产经纪人可以通过如下策略进行处理。

❶ 帮购房者争取银行贷款

房产经纪人需要先了解银行不给购房者贷款的原因，然后找到解决方案，尽快帮购房者争取银行贷款。只要银行贷款下来了，二手房交易就可以正常进行下去了。

❷ 协商取消二手房买卖的事宜

如果购房者无法在短期内获得银行贷款，卖房者又急需用钱，那么房产经纪人需要组织买卖双方免责取消二手房买卖。俗话说得好，"买卖不成仁义在"，即便这一单没有做成，房产经纪人也要维护好买卖双方的关系，避免发生冲突。

技巧 145　过户：帮助购房者拿到产权证

【现实案例】

小朱知道对于购房者来说，拿到产权证会安心很多。但是，自己对于二手房产权过户的相关事项并不太了解，如果慢慢摸索，耗费的时间可能会比较长。于是，小朱便向师傅请教产权证过户的步骤。如果你是她的师傅，你会如何解答呢？

【要点展示】

通常来说，购房者要拿到产权证，需要经历 4 个步骤，如图 13-4 所示。房产经纪人可以将这些步骤及需要做的事情告知购房者，让办证变得更加有的放矢。

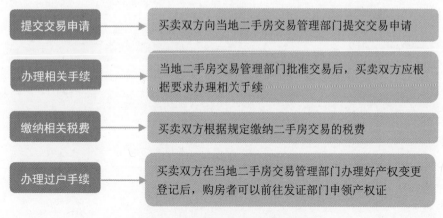

图 13-4　购房者拿到产权证的步骤

技巧 146　留心：注意签约的相关事项

【现实案例】

小王在制定合同时，直接使用了店里的模板，只修改了一些细节内容。结果二手房交易完成后，买卖双方发生了纠纷，但是合同里只列出了条款，却没有将违约责任写清楚。这就让原本一件很简单的事，变得复杂起来。

【要点展示】

在签订合同的过程中，房产经纪人要注意相关事项，以免出现麻烦。具体来说，房产经纪人要特别注意以下两方面事项。

❶ 保留相关证据

在签订合同时，作为第三方的房产经纪人要及时保留好相关证据，以免之后产生纠纷时不好应对。例如，房产经纪人可以将签订的合同拍照备份。

❷ 用心制定合同

在制定合同时，房产经纪人需要确保已将一些重要信息列入相关条款中。图 13-5 所示为需要列入合同中的信息。

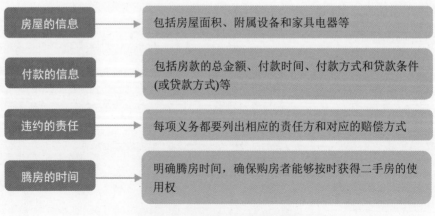

图 13-5 需要列入合同中的信息

第 14 章

管理客户：
持续挖掘客户的购买力

在与客户接触的过程中，房产经纪人需要做好客户的管理工作，更好地为客户提供全程的服务。这样才能持续挖掘客户的购买力，让客户有买卖二手房需求时，第一时间就想到你。本章就来讲解客户管理的相关技巧，帮助大家更好地挖掘客户的购买力。

技巧 147 基础：收集并整理客户信息

【现实案例】

某一天在试岗时，店长要求小马搜集并整理 10 个客户的信息。小马也明白做好客户信息的收集和整理，是二手房销售的基本素质。如果你是小马，你会如何做客户信息的收集和整理呢？

【要点展示】

收集并整理客户信息，是客户管理的基础，掌握客户信息的收集和整理技巧，可以让客户管理变得更加简单和高效。下面就来为大家讲解收集和整理客户信息的技巧。

❶ 收集客户的信息

收集客户的信息，需要先明确要记录的客户信息，如客户的姓名、住址、联系方式和主要需求等。除此之外，还需要掌握客户信息的收集方式，快速获得目标客户及客户的相关信息。

❷ 整理客户的信息

收集客户的信息之后，为了更好地管理客户，房产经纪人还需要整理好客户的信息。具体来说，房产经纪人可以借助客户分类、表格记录和重点标记等方式，整理客户的信息。当然，整理好之后，房产经纪人还可以通过纸笔、文档和电子表格等方式，将客户信息保存下来。

技巧 148 分类：方便对客户进行管理

【现实案例】

在从业过程中，小孙遇到了各种类型的客户，不同类型的客户对于买卖二手房的需求也不同，这让小孙觉得客户的管理变得越来越难了。小孙明白，随着客户越来越多，他也没有时间和精力随时为每一个客户服务。那么小孙要怎么对客户进行管理，提高服务的效率呢？

【要点展示】

对于房产经纪人来说，对客户进行分类，并根据客户的类别采取合适的管理策略主要有以下 3 个好处。

❶ 提高管理的效率

对客户进行分类，可以快速了解客户的需求，从而更好地为其服务，提高客户管理效率。

❷ 采取针对性的营销策略

不同类别的购房者有不同的要求，房产经纪人可以针对性地采取对应的管理策略，让购房者的需求更好地得到满足。

❸ 合理分配时间和精力

房产经纪人可以根据购房者的类别，更合理地分配自身的时间和精力，将时间和精力投放在能更快成交的客户身上，从而收获更佳的效果。

既然对客户分类并采取合适的管理策略有这么多好处，那么具体怎样进行分类呢？以购房者为例，根据购房动机可以将其分为 4 种类型，即刚需型、投资型、捡漏型和其他购房者，下面就分别进行讲解。

【类型 1】刚需型购房者

刚需型购房者主要是指购买二手房的需求非常强烈的群体，对这类购房者来说，二手房甚至成了短期内必须要购买的东西。对于房产经纪人来说，刚需型购房者是成交率相对较高的一类购房者，这类购房者通常有 3 个特点，如图 14-1 所示。

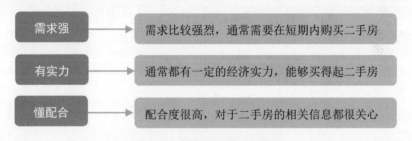

需求强	→	需求比较强烈，通常需要在短期内购买二手房
有实力	→	通常都有一定的经济实力，能够买得起二手房
懂配合	→	配合度很高，对于二手房的相关信息都很关心

图 14-1　刚需型购房者的特点

正是因为刚需型购房者的价值很高，所以房产经纪人需要将自己的时间和精力多花费在这类用户上，为其提供更加优质的服务。具体来说，房产经纪人可以从以下几个方面对核心购房者进行管理。

❶ 提供定制服务

了解刚需型购房者的喜好，并据此提供定制服务，可以提高该部分购房者的满意度。例如，购房者急需在孩子上学前在附近的小区中购买二手房时，房产经纪人可以通过多种方法搜索附近的学区房，并全程陪同购房者看房，直至帮购房者找到满意的二手房。

② **建立良好的关系**

将更多的时间和精力花在刚需型购房者身上，多与刚需型购房者沟通，拉近彼此之间的距离。

【类型 2】投资型购房者

投资型购房者泛指那些买房用来进行投资的购房者，这类购房者买了房基本不会自己住，他们更看重的是二手房的投资价值，也就是二手房的未来可升值空间及变现能力。对于房产经纪人来说，投资型购房者的成交率仅次于刚需型购房者，这类购房者通常具有 3 个特点，如图 14-2 所示。

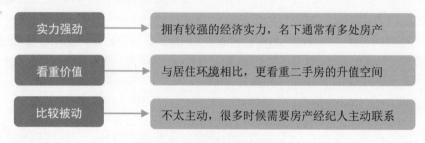

图 14-2　投资型购房者的特点

通常来说，投资型购房者觉得有利可图时，才会购买二手房。那么，房产经纪人要如何管理投资型购房者呢？这就需要重点做好以下 3 项工作。

① **增加沟通**

房产经纪人可以多与投资型购房者沟通，这不仅能拉近彼此之间的距离，还能让其更信任你。

② **想其所想**

多站在投资型购房者的角度想问题，重点推荐升值空间比较大的二手房，提高其购买意愿。

③ **给出福利**

在给投资型购房者推荐二手房时，可以适当地给一些福利，如交易成功后赠送购物卡。

【类型 3】投机型购房者

投机型购房者即我们通常所说的捡漏型购房者，主要是指用极低的价格购买二手房，从而直接赚取可观收益的一类购房者。虽然投资型购房者和捡漏型购房者都是利用二手房买卖来获得收益，但是两者之间却存在着明显的差异。投资型购房者比较看重二手房的中长期投资价值，而捡漏型购房者则是通过短期买卖来获益。

对于大部分房产经纪人来说，捡漏型购房者的价值比较有限，因为要与其达成交易并不是一件容易的事。具体来说，捡漏型购房者通常具有 3 个特点，如图 14-3 所示。

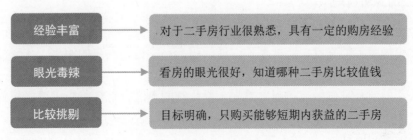

图 14-3　捡漏型购房者的特点

很多捡漏型购房者可能会同时查看多个房产经纪人的房源，哪个房产经纪人手中有可以捡漏的二手房，他们就与哪个房产经纪人合作。因此，对于房产经纪人来说，捡漏型购房者的忠诚度是比较低的。

【类型 4】其他购房者

除了上述 3 类购房者之外，房产经纪人可能还会遇到其他类型的购房者。例如，有的购房者并不急需购买二手房，也没有通过买卖二手房赚钱的想法，他们可能只是对买卖二手房有兴趣，想增加了解，所以就找上了房产经纪人。

在与购房者沟通的过程中，房产经纪人要用心做好服务，不能因为购房者现在没有强烈的购房需求就敷衍了事。毕竟，购房者的购房需求是会变化的，现在不太想买，并不代表将来不会买。如果购房者现在找你，你爱答不理的，那么等购房者真正要购买二手房时，可能就不会再找你了。

技巧 149　跟进：及时为客户提供服务

【现实案例】

今天是小赵入职房产经纪人的第一天，这天下午，师傅在给他做培训时说，一定要及时跟进客户，并为客户提供服务，但是具体要怎么做却没有讲清楚。于是培训结束后，小赵第一时间便找到了师傅。如果你是他的师傅，你会如何为他讲解呢？

【要点展示】

在与客户接触，特别是二手房交易还未完成时，房产经纪人要及时跟进客户，了解客户的所思所想。具体来说，在跟进客户时，房产经纪人需要重点做好以下两个方面的工作。

❶ 及时跟进客户

在与客户接触的过程中，房产经纪人一定要及时跟进客户，这样做不仅可以让客户看到你积极服务的态度，还能增加沟通的频率，拉近与客户的距离，从而提高客户对你的信任感。

那么，如何及时接触客户呢？首先，要从时间上进行把握，当需要将相关信息告知客户时，房产经纪人要第一时间联系客户；其次，要主动与客户联系，并确认客户已收到你传递的信息。

❷ 为客户提供服务

接触客户之后，房产经纪人需要尝试着去了解客户的需求，并根据客户的需求为其提供相应的服务。例如，客户需要购买某处的房源时，房产经纪人找到合适的房源之后，应该将房源信息第一时间告知客户。

技巧 150　买贵：购房者认为吃亏了

【现实案例】

小朱以为签了合同就完事大吉了，谁知道刚签完合同，购房者就觉得自己买贵了，而且购房者还问小朱，现在还能不能反悔，把相关的款项追回。如果遇到这种客户，你会如何答复呢？

【要点展示】

不管是购房者，还是卖房者，都希望能以相对合适的价格进行二手房交易。因此，当买卖双方觉得价格不合理时，即便已经签完了合同，可能也会反悔。通常来说，面对签了约想要反悔的购房者，房产经纪人可以通过如下技巧进行劝说，打消其反悔的念头。

【技巧1】证明购房者没有买贵

对于觉得买贵了的购房者，房产经纪人可以通过一些方法证明他没有买贵，从而让其打消反悔的念头，如图14-4所示。

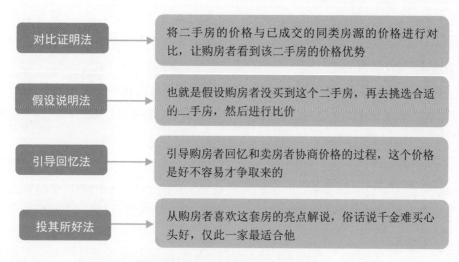

图 14-4 证明购房者没有买贵的方法

【技巧 2】强调反悔造成的损失

如果反悔没有任何代价，那么购房者一有不满意的地方可能就会反悔，拒绝继续完成二手房的交易；反之，如果反悔需要付出较大的代价，那么购房者就会认真思考一下，是不是必须要反悔。

对此，房产经纪人可以在沟通过程中强调反悔造成的损失，让购房者明白此时反悔，需要付出的代价很大，最直接的损失是缴纳的定金无法要回来，另外要按合同约定进行相关的赔偿。

技巧 151　反悔：卖房者觉得卖便宜了

【现实案例】

这一天刚签完合同才一个小时左右，卖房者就打来电话说，能不能趁现在购房款项还没有全部转过来，先取消交易。小胡询问之下才知道，原来是卖房者觉得二手房卖便宜了，想反悔。对于这样的客户，要如何进行管理呢？

【要点展示】

当卖房者觉得卖便宜了想要反悔时，房产经纪人可以通过以下 3 种策略，让卖房者明白履行合同是一种明智的选择。

❶ 价格是合理的

房产经纪人可以通过将合同中约定的价格与同类二手房的成交价格进行对比，让卖房者明白约定的价格是合理的，甚至是高于行业水平的。这样，卖房者会觉得约定的价格并不便宜，也就会更愿意依据合同完成交易了。

❷ 违约需要赔偿

因为卖房者反悔会给购房者造成损失，所以需要根据违约情况对购房者进行赔偿。如果赔偿的数额比较大，卖房者会觉得反悔是得不偿失的，这样自然就不会有反悔的想法了。

❸ 利益的一致性

房产经纪人可以告诉卖房者，你们的利益是一致的，二手房的出售价格越高，自己获得的佣金就越多，所以你也希望二手房卖出更高的价格。但是，二手房交易合同上的价格是大家共同努力的结果，如果换一个购房者，可能很难再获得这么高的成交价了。

技巧 152　协助：陪同购房者验收房子

【现实案例】

眼看着刚刚卖出去的二手房过几天就要交房了，这一天卖房者打电话过来，请求房产经纪人小吴到时候协助做好房子的验收工作。因为陪同购房者验收房子也属于自己工作的部分，所以听到购房者的请求，小吴就同意了。可是，验收房子要做好哪些工作呢？

【要点展示】

交房是二手房交易中的重要一环，房产经纪人需要对交房的相关事项给予足够的重视，因为如果交房没有做好，买卖双方后续可能会发生纠纷。通常来说，房产经纪人需要从以下 6 个方面进行协助，让购房者全面完成二手房的验收。

【方面 1】检查房屋证件

有的购房者收房之后，由于种种原因，还未搬进去居住，所以有的工作可能做得不太到位。因此，房产经纪人有必要配合购房者检查房屋的相关证件，确保重要的证件不会缺少。

【方面 2】查验相关设备

有的二手房交易合同中，明确将房屋内的相关设备计算在购房款中。也就是说，完成交易之后，购房者可以获得这些设备的所有权。对于这种情况，卖房者需要向购房者介绍这些设备，并展示这些设备的使用情况。这样可以避免交房之后，购房者才发现有的设备用不了，与卖房者发生纠纷。

【方面3】了解费用情况

房产经纪人需要陪同购房者前往相关部门，查看卖房者居住期间的各项费用(如物业费、电费、水费和煤气费等)是否结清。如果存在费用没有结清的情况，房产经纪人需要及时联系卖房者，引导其结清费用。

【方面4】房屋问题排查

不管是买来居住，还是进行投资，都需要对房屋问题进行排查，这样可以避免收房之后才发现问题，造成买卖双方出现纠纷。很多购房者没有经验，再加上观察不够仔细，可能无法发现房屋存在的一些问题。对此，房产经纪人需要告知购房者，哪些问题是需要重点排查的。另外，如果在排查时发现了问题，房产经纪人需要及时联系卖房者进行解决。

【方面5】查询房屋户口

有的卖房者将二手房卖出去之后，户口却还挂在该二手房上。这种情况下，购房者就无法进行落户。对此，很多购房者显然是不能接受的。因此，如果查看房屋户口时，发现卖房者的户口还挂在该二手房上，房产经纪人需要及时联系卖房者，引导其将户口迁出去。这个一定要在交易之前问清卖房者，最好在合同中写明户口迁出的相关约束与赔偿条款，以免卖房者有意隐瞒。

【方面6】签署交房协议

如果在陪同购房者验收二手房时并没有发现什么问题，那么房产经纪人便可以组织双方签署交房协议了。签署交房协议不仅意味着整个交房流程的完成，还能为交房提供法律保障，避免此后因为交房问题而出现纠纷。

技巧 153　缺失：答应留的东西不见了

【现实案例】

某天刚开完会，房产经纪人小王一打开手机便看到了某位购房者发来的短信。通过短信内容，小王了解到，购房者在抱怨卖房者原本答应留的东西不见了。对于这种情况，小王也不知道如何处理，毕竟已经交房好几天了。

【要点展示】

当购房者入住后发现卖房者答应留下的东西不见了而发出抱怨时，房产经纪人需要做好以下两方面的工作。

【工作1】了解具体情况

听到购房者的抱怨后，房产经纪人需要及时联系卖房者，这不仅能更全面地了解具体情况，还能找出问题出现的原因，从而更好地制定问题的解决方案。具体来说，购房者没看见卖房者答应留的东西主要包括5个方面的原因，如图14-5所示。

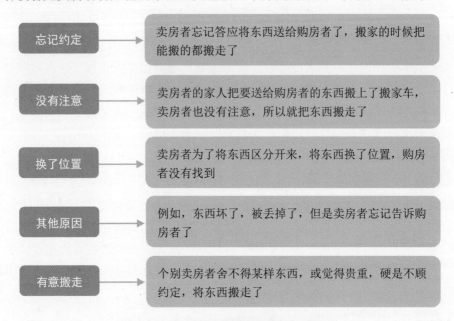

图 14-5　购房者没有看到相关物品的原因

了解到原因后，房产经纪人可以先将原因告诉购房者，安抚好购房者的情绪，然后组织买卖双方进行协商，解决问题。

【工作2】寻找解决方案

遇到了问题，就要想办法解决。那么，卖房者答应留的东西却不见了，这个问题要怎么解决呢？图14-6所示为几种常见的解决方案。

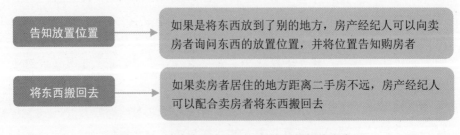

图 14-6　购房者没有看到相关物品的解决方案

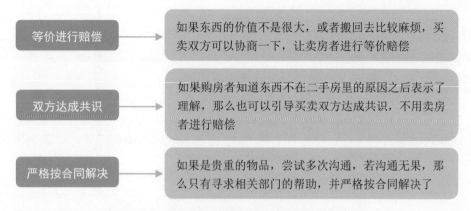

图 14-6　购房者没有看到相关物品的解决方案(续)

技巧 154　变故：出现影响居住的问题

【现实案例】

房产经纪人小周本以为二手房买卖完成后，自己就可以功成身退了，谁知道购房者入住之后又发生了变故。购房者告诉小周，这个二手房出现了影响居住的问题。面对这样的情况，小周应该怎么做？

【要点展示】

当交房后出现影响居住的问题时，房产经纪人通常可以使用如下策略来与客户进行沟通。

❶ 解决问题

如果出现的问题应该由卖房者负责，那么房产经纪人需要将问题告知卖房者，并组织买卖双方协商解决方案；如果出现的问题应该由购房者负责，那么则可以直接给购房者提供解决方案，不必联系卖房者了。

例如，出现的问题应该由卖房者负责时，房产经纪人可以对卖房者说："购房者居住时发现二手房有一点问题，您看什么时候有时间，双方坐下来好好协商一下，看看怎么尽快解决这个问题。免得问题一直在，购房者又找过来，给您再添麻烦也不好，早解决大家都早心安。"

❷ 划分责任

房产经纪人需要先去二手房里实地查看购房者所说的问题，然后再根据问题和二手房交易合同中的相关条款来划分责任，看看这个问题应该由谁负责解决。

技巧 155　求助：购房者遇到了问题

【现实案例】

有一天房产经纪人小吴正在带某位购房者看房时，收到另一位购房者的求助。原来是这位购房者遇到了自己解决不了的问题，于是他便打电话过来寻求小吴的帮助。如果你是小吴，你会如何帮助这位客户解决问题呢？

【要点展示】

有的购房者入住二手房之后可能会遇到自己解决不了的问题，于是就临时向房产经纪人发出了求助。此时，房产经纪人可以尝试独立解决问题，如果自己解决不了，还可以求助于卖房者。

❶ 独立解决问题

因为工作的关系，房产经纪人对于二手房的相关事项会有一定的了解和经验，房产经纪人可以根据这些了解和经验帮助购房者解决问题。当然，在帮忙解决问题时，房产经纪人不要托大，对于自己没有把握的事情，最好不要轻易地给出建议，以免因为自己的误判，给购房者造成不必要的损失。

❷ 求助于卖房者

如果购房者的问题房产经纪人独立解决不了，或者说没有把握解决好，房产经纪人可以尝试求助于卖房者。因为卖房者之前居住过这个二手房，所以很多与该二手房相关的事项他都了解。当然，此时卖房者已经没有义务必须帮忙了，因此，在沟通时房产经纪人的态度要诚恳一点，要让对方感受到你的尊重。

技巧 156　信任：提高客户的忠诚度

【现实案例】

不知道怎么回事，小郑最近一个星期流失的客户有点多，而且还出现了跳单的情况，他感觉有的客户对自己不怎么信任了。如果你是小郑，你会如何提高客户的忠诚度，让客户更信任自己呢？

【要点展示】

对待不同的客户，要采取不同的策略，这样可以更好地赢得客户的信任，从而有效地提高客户的忠诚度。具体来说，房产经纪人可以将客户分成普通客户和流失客户两种类别，并采取合适的策略提高客户的忠诚度。

【类别1】普通客户

在与普通客户沟通的过程中，房产经纪人可以通过做好 3 个方面的工作，来提高客户的忠诚度，如图 14-7 所示。

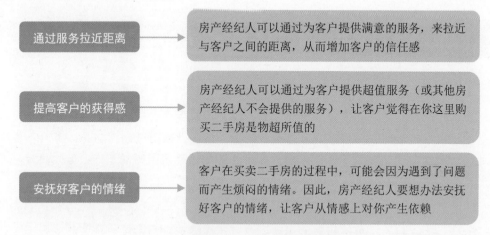

图 14-7　提高普通客户忠诚度需要做好的工作

以提高客户的获得感为例，房产经纪人可以通过给客户赠送一些实用的小物品、全程陪同客户、主动帮客户解决各种业务上的问题、帮购房者砍价以及帮卖房者抬价等方式，让客户享受超值的服务。

【类别2】流失客户

所谓提高流失客户的忠诚度，就是挽回流失的客户，让客户愿意继续从你手里买卖二手房。当然，对于不同类型的客户，房产经纪人可以采取不同的态度，让自己的工作变得更加高效。下面就以挽回不同类型的购房者为例，为大家具体讲解相关的操作技巧。

❶ 刚需类购房者

这类购房者对房产经纪人来说是比较有价值的，只要处理好了，说不定短期内就能促成交易，所以花费一些成本进行挽回是很有必要的。

❷ 投资类购房者

如果是这类购房者流失了，房产经纪人可以根据实际情况来确定挽回方案。具体来说，对于那些挽回难度不大的购房者，房产经纪人要尽量挽回；对于那些挽回难度很大，并且之后可能难以再次合作的购房者，房产经纪人可以选择放弃挽回。

❸ 捡漏类和其他购房者

如果是这两类购房者流失了，房产经纪人可以选择放弃挽回。这主要是因为这两类购房者对于房产经纪人的价值本来就低，如果还要投入成本进行挽回，则会得不偿失。

技巧 157　回访：定期与客户进行沟通

【现实案例】

房产经纪人小赵的师傅曾告诉他，二手房交易完成后，还要定期进行回访。当时小赵觉得定期回访就是联系客户，增加亲密度，没有什么好学的。但是，等自己实践了之后，小赵却发现并不是那么回事，因为他的回访效果比预期差得很远，回访的那些客户基本就没有再次找他合作的。

【要点展示】

有的房产经纪人认为完成二手房买卖之后，就没有必要再联系相关的客户了，其实这种想法是不对的，因为很多老客户都有再次进行二手房买卖的需求。如果房产经纪人不做定期回访，你的客户可能就变成别人的了。

对于房产经纪人来说，定期对客户进行回访有许多好处，例如增加与客户的亲密度，让客户再次需要买卖二手房时，立马就想到你。那么，房产经纪人如何做好定期回访呢？下面就来介绍具体的操作技巧。

❶ 制订回访计划

在开始做定期回访之前，房产经纪人需要制订回访计划，确定回访的相关内容。具体来说，在制订回访计划时，房产经纪人可以确定回访的频率、方式和话题等，让回访更加有条不紊地进行。

❷ 明确回访目的

在做一件事时，如果能确定自己的目的，便可以让自身的行动更有针对性，从而提升行动的效果。因此，房产经纪人在做定期回访之前，应该确定每次回访的目的，并围绕这个目的制定相关的沟通策略，提高回访的效率。

❸ 挖掘客户需求

房产经纪人要明白，增加与客户的亲密度，只是定期回访的最低要求。要想提高自身的销售能力，让更多客户再次找你买卖二手房，房产经纪人还得在回访时根据客户传达的信息，挖掘出客户的需求。

　　例如，当客户觉得现在住的房子有些小时，房产经纪人可以为其推荐面积比较大的优质房源。如果你的推荐能打动客户，那么客户不仅会通过你购买二手房，还会通过你出售他现在住的二手房。

第 15 章

处理投诉：
树立良好的销售口碑

客户对二手房交易的相关事项不满意，可能会进行投诉。当客户投诉时，房产经纪人需要对投诉的问题进行处理，增加客户的满意度。本章就来为大家讲解投诉的处理技巧，帮助大家树立良好的销售口碑。

技巧 158 骚扰：投诉被房产经纪人打扰了

【现实案例】

在与客户接触的过程中，为了及时将相关信息告知客户，房产经纪人小肖每天要给同一个客户拨打多个电话。没想到的是，客户觉得电话打得太频繁了，于是向店长进行了投诉。

【要点展示】

因为所处的立场不一样、思考问题的角度不同等，你和客户在看待同一件事时，会有不同的想法。对于房产经纪人来说，频繁进行联系是为了更好地了解客户的需求，从而提供令客户更加满意的服务；而对于客户来说，房产经纪人频繁进行联系可能会影响自己的生活和工作。

因此，当客户觉得联系过于频繁，甚至于有些不堪其扰时，他可能会打电话给店长进行投诉。对于这类投诉，房产经纪人可以通过 3 个步骤进行处理，即表达歉意、解释原因和调整策略。

【步骤 1】表达歉意

房产经纪人是一个服务型的职业，只有服务好客户，提高客户的满意度，才能塑造良好的口碑，获得更多的房源和客源。当客户向店长进行投诉时，就说明客户对房产经纪人的服务是不满意的。此时，客户需要的不是解释，而是房产经纪人的态度。这种情况下，房产经纪人需要先向客户表达歉意，让客户看到你的态度。

当然，房产经纪人最好采用不同于以往的联系方式进行道歉。具体来说，如果之前一直是通过打电话与客户联系，房产经纪人可以选择发微信或手机短信的方式，向客户道歉，这样可以从一定程度上避免道歉时再次打扰到客户；如果之前一直是通过微信或手机短信的方式与客户联系，房产经纪人可以选择打电话或登门当面进行道歉，这样会让道歉显得更加郑重。

【步骤 2】解释原因

向客户表达了歉意之后，房产经纪人还需要解释自己这么做的原因。需要说明的是，表达歉意和解释原因的顺序不能颠倒，如果房产经纪人先解释原因，那么客户可能会觉得你不想承认错误，此时你的解释在客户眼中就变成了托词。

【步骤 3】调整策略

向客户表达歉意，并解释了原因之后，房产经纪人还需要从 3 个方面对往后的沟通策略进行调整，具体如图 15-1 所示。

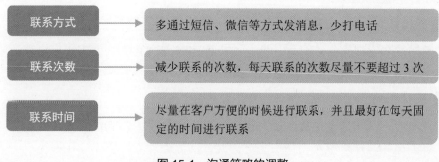

图 15-1　沟通策略的调整

技巧 159　态度：投诉房产经纪人没服务好

【现实案例】

小向只是按要求尽心地为客户服务，但是也不知道是哪里没有做好，竟然被客户投诉说服务态度不好。直到店长和自己说起这件事时，小向才知道被客户投诉了。对于这种投诉，要如何进行处理呢？

【要点展示】

无论是房产经纪人的态度真的不好，还是这只是客户的感觉，房产经纪人都应该引起足够的重视。如果房产经纪人的服务不能让客户满意，那么客户很可能会流失掉。因此，当客户投诉房产经纪人态度太差时，一定要从多个角度做好工作，为客户提供满意的服务，具体如下。

【角度1】门店管理者

通常来说，客户对房产经纪人非常不满意时，会通过向对应门店管理者投诉房产经纪人的方式来宣泄情绪、表达态度。面对投诉的客户，门店管理者可以通过如下策略进行沟通，增加客户对门店的好感度。

❶ 代为道歉

无论如何，作为门店管理者需要管理好整个门店的员工(即房产经纪人)，如果自己的员工被投诉了，门店管理者不应该找理由，而应该主动道歉。这样可以让客户看到管理者和门店的态度，让客户愿意继续享受门店的服务。

例如，门店管理者可以从两个方面进行道歉：一是作为店长，为没管理好手下的员工，给客户带来了不满意的服务而道歉；二是代表对应的房产经纪人，向客户表达歉意，获取客户的谅解。

❷ 给出建议

代为道歉和安抚情绪都只能让客户心里舒服一点，并不能真正解决问题。所以，等客户的情绪平静下来之后，房产经纪人需要给出建议，帮客户来解决问题。

❸ 安抚情绪

客户投诉时情绪通常比较激动，你说的话他可能听不进去，而且如果店长的态度不好，可能会让客户对整个门店失望。因此，门店管理者需要先安抚好客户的情绪，再想办法解决问题。

【角度2】房产经纪人

得知自己因为态度不好被客户投诉时，房产经纪人需要通过沟通争取继续为客户服务的机会，这也是提高转化率必须要做好的一件事。具体来说，房产经纪人因为态度不好被投诉时，可以通过如下策略与客户进行沟通。

❶ 表达歉意

对于房产经纪人来说，客户就是"衣食父母"，当客户觉得你的态度不好时，房产经纪人要主动表达歉意，让客户看到你的态度，这样才能获得客户的谅解，获得继续为其服务的机会。

❷ 给出保证

房产经纪人可以通过给出一些保证，获取客户的信任，让客户觉得你是真心悔改了。就像是做错事的一方，给另一方做出保证，说以后不会再犯了一样，这种保证能给客户一定的安全感。

❸ 调整策略

在以后与客户沟通时，房产经纪人需要对自身的沟通策略进行调整，让客户感受到你的态度变好了。

技巧160　转变：投诉房产经纪人变化太大

【现实案例】

因为工作需要，在某套二手房成交之前，房产经纪人小明经常与某位客户沟通。该二手房成交之后，小明因为要销售其他二手房，所以与这位客户的联系少了很多。结果该客户觉得房产经纪人前后变化太大了，于是进行了投诉。

【要点展示】

通常来说，为了提高自身的转化率，签约之后，房产经纪人会将更多精力用在与未签约客户的沟通上。因为沟通变少了，客户可能会觉得自己被忽略了，或者说房产经纪人对待自己的态度变了，于是有的客户觉得心里不痛快，并进行了投诉。对于这类客户，房产经纪人可以通过以下方法进行沟通，增加客户的满意度。

【方法1】为忽略了客户而道歉

签约之后，房产经纪人需要为客户做的事情变少了，所以彼此的沟通也变少了，这本来就是一件很自然的事。但是，从签约之前的频繁联系，到签约后的联系明显变少，客户会觉得自己有些被忽视，房产经纪人对自己的事情不再上心了。

对此，房产经纪人可以为忽略了客户而道歉，这样不仅能让客户看到你的态度，还能起到安抚客户情绪的作用。而且客户接受道歉之后，态度会缓和下来，这也便于房产经纪人进行下一步的动作。

【方法2】给客户一个郑重承诺

客户会因为签约后房产经纪人的态度而进行投诉，主要就是觉得此时自己被忽视了，所以相关的权益可能无法得到保障。对此，房产经纪人可以通过3种方法给客户一个郑重的承诺，让客户放心，如图15-2所示。

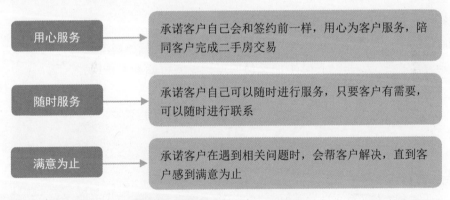

图15-2　给客户一个郑重承诺的方法

【方法3】说明态度变化的原因

等客户的态度缓和下来之后，房产经纪人可以通过以下方法向客户说明自己的态度变化的原因，对客户进行劝服。

❶ 根据实际情况进行说明

房产经纪人可以告诉客户，签约之后自己能做的事情变少了，为了避免频繁联系打扰到客户，就减少了联系。

❷ 引导客户进行换位思考

房产经纪人不可能只为某一个客户服务，所以签约之后将重心放到其他客户身上很正常。而且对于房产经纪人来说，成交量越高，获得的收益就越多，因此房产经纪人需要同时与多位客户沟通，想办法提高自身的转化率。对此，房产经纪人可以引导客户进行换位思考，让客户理解自己的做法。

技巧 161　失误：投诉房产经纪人工作不力

【现实案例】

这天刚上班，小赵就被店长批评了，因为他被客户投诉了。经过了解之后，小赵才发现是自己出现了失误，该做的工作没有做到位。如果被投诉的是你，你会如何处理呢？

【要点展示】

对于房产经纪人来说，因为自己工作不力导致交易过程中出现了问题，需要承担全部的责任。所以，房产经纪人需要了解工作不力的相关事项，想办法避免再次出现工作不力的情况。下面就来介绍工作不力的相关事项。

【事项 1】了解工作不力会出现的问题

因为客户对二手房交易的相关事项不太清楚，所以如果房产经纪人工作不力、有的工作没有做到位，那么在二手房交易的过程中很可能会出现一些问题，如图 15-3 所示。

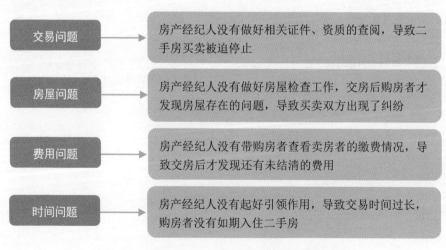

图 15-3　房产经纪人工作不力可能会出现的问题

【事项 2】避免出现工作不力的方法

为了避免工作不力、工作有遗漏的情况出现，房产经纪人需要重点做好以下工作，提高自身的职业素养。

❶ 及时做好复盘

当出现工作不力时，房产经纪人需要及时进行复盘，了解自身存在的问题，并找到合适的调整方案。

❷ 及时做好规划

房产经纪人可以根据二手房交易的进度制订第二天的规划，并在规划中列出需要做的工作。这样一来，房产经纪人只要按照规划执行工作，便可以避免出现工作遗漏的情况。

❸ 张贴提醒事项

房产经纪人可以将要注意的事项或者曾经出现过的工作不利情况写下来，并张贴在醒目处，给自己提个醒。

【事项 3】给出相关问题的解决方案

因为自己工作不力导致交易过程中出现了问题时，房产经纪人可以根据问题的类型给出相关的解决方案，帮助买卖双方解决问题，提高客户的满意度，具体如下。

❶ 交易问题的解决方案

当出现交易问题时，房产经纪人需要顶住压力，组织买卖双方进行协商，并根据当前面临的情况决定交易的去向。如果还可以继续交易，房产经纪人需要努力维持买卖双方的关系，尽可能地促成交易；如果无法再继续交易，房产经纪人可以给客户介绍其他的房源或客源。

❷ 费用问题的解决方案

如果交房后出现了费用未结清的问题，房产经纪人需要及时联系卖房者，并引导其结清相关的费用。

❸ 房屋问题的解决方案

当出现房屋问题时，房产经纪人可以引导卖房者对问题进行修复，或者进行相关款项的赔付。如果交易合同中对房屋问题进行了说明，只需按合同进行解决即可。

❹ 时间问题的解决方案

当出现时间问题时，房产经纪人可以根据经验对接下来的流程做好安排，并陪同客户办好相关手续，从而尽快让买卖双方完成交易。

技巧 162　房价：投诉二手房价格变化太大

【现实案例】

因为某位卖房者着急用钱，所以房产经纪人小马经常向购房者推荐他的二手房，这位卖房者也在短期内获得了二手房销售款项。然而，二手房才卖出去短短一个月，该小区的房价就出现了一定幅度的上涨。卖房者觉得自己卖亏了，就对小马进行了投诉。

【要点展示】

当客户因为房价变化太大，感觉被欺骗了而进行投诉时，房产经纪人可以使用如下策略与客户进行沟通，获得客户的理解。

❶ 展示同期二手房的成交价

房产经纪人可以将同期二手房的成交价展示出来，让客户明白当时的行情。这样，客户就会明白，当初二手房的成交价是比较合理的，不存在故意抬高或压低价格的情况。

❷ 说明二手房行情难以预测

房产经纪人向客户说明二手房的行情是难以预测的，有时候可能只隔了几天，价格便出现了明显变化。这不是房产经纪人能左右的，所以也不是自己在欺骗客户。

❸ 解释二手房价格变化的原因

有时候某个因素的出现，可能会直接影响二手房的价格。房产经纪人可以向客户解释二手房价格变化的原因，让客户明白这也不是自己想看到的。

技巧 163　违约：投诉卖房者没有按时交房

【现实案例】

签订合同之后，购房者就开始准备搬家，等到了约定日期，即被卖房者告知无法按时交房。购房者认为卖房者违约了，于是向房产经纪人询问处理方案。如果面对这种情况，你会如何处理？

【要点展示】

可能购房者在交房之前就对相关事项进行了规划，如果卖房者违约，不能如期交房，自己的计划可能就被打乱。因此，遇到推迟交房的情况，购房者心中可能会因为有怒气而进行投诉。

对于这类投诉，房产经纪人应该先了解卖房者推迟交房的原因，然后组织双方协商交房的事宜，处理好投诉。另外，为了规避推迟交房情况的出现，房产经纪人还可以通过以技巧进行引导，让卖房者自愿如期交房。

【技巧1】了解卖房者推迟交房的原因

一般来说，卖房者知道推迟交房可能需要承担违约责任，所以他不会无故推迟交房。那么，为什么卖房者还是推迟交房呢？对此，房产经纪人可以与卖房者沟通，了解推迟交房的原因，这有助于解决问题，让买卖双方尽早完成交房。通常来说，卖房者推迟交房的原因主要有3个，如图15-4所示。

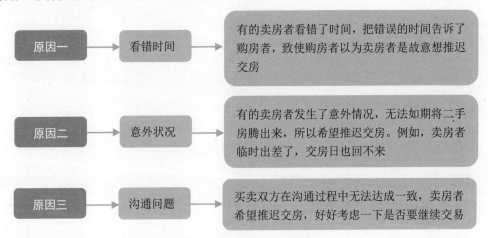

图 15-4　卖房者推迟交房的原因

【技巧2】规避推迟交房情况的出现

在为客户服务的过程中，房产经纪人可以积极发挥主观能动性，做好如下工作，规避推迟交房的情况出现。

❶ 列明违约责任

在交易合同的相关条款中，列明推迟交房的违约责任。这不仅可以让按时交房得到法律的保障，而且也能对卖房者起到警示作用，促使卖房者如期交房。最好是之前就留一定额度的交房尾款，这对卖房者是一个约束。

❷ 商量交房时间

在签订交易合同之前，组织买卖双方专门就交房时间进行协商，选择双方都有空的时候再交房。

❸ 提醒卖房者交房

在约定交房日期的前 10～15 天，房产经纪人可以与卖房者进行沟通，提醒其交房的日期，让卖房者抓紧时间腾房子，按时做好交房。

【方法 3】组织双方协商交房事宜

了解了卖房者推迟交房的原因之后，房产经纪人便可以通过如下策略进行沟通，组织双方协商交房的相关事宜。

❶ 协商交房日期

如果确实无法按时交房，那么房产经纪人可以将买卖双方组织起来，一起协商新的交房日期。通常来说，这个新的交房日期要尽量靠近原来的日期，否则购房者可能难以接受。

❷ 协商赔偿事宜

如果卖房者无法完成交房，或者不想继续交易了，房产经纪人可以将双方组织起来，按照合同或者买卖双方的约定来协商赔偿事宜。

❸ 引导按时交房

如果卖房者只是看错了时间，或者说距离交房还有一段时间，那么房产经纪人可以帮卖房者解决他遇到的问题，引导卖房者按时交房。

技巧 164 诉求：客户投诉时提出了要求

【现实案例】

收到客户的投诉之后，房产经纪人小侯马上就联系了客户，试图解决投诉。然而，客户提出了很多要求，而且其中还有一些是小侯难以做到的。如果你是小侯，你会如何处理呢？

【要点展示】

有的客户为了引起相关人员的重视，或者是想维护好自身的利益，会在投诉时提出比较高的要求。在与这类客户沟通时，房产经纪人可以使用如下沟通策略，处理好投诉。

❶ 了解客户的诉求

房产经纪人可以通过沟通，了解客户的诉求，看看客户需要的是什么，并在此基础上判断，客户提出的诉求中，哪些是自己能够做到的，哪些是难以做到的。

② 与客户进行协商

了解了客户的诉求之后，房产经纪人可以与客户进行协商，对于那些可以做到的，尽量满足客户的要求；而对于那些难以做到的，则告诉客户自己的难处，让客户明白要求提得太高了。

技巧 165　吵闹：客户投诉时情绪非常激动

【现实案例】

房产经纪人小钱正在店里查找房源，就听见某位客户情绪非常激动地说要投诉他，并且声音很大。店里的一些客户看到这种场面之后，纷纷离开。这种情况，应该如何处理呢？

【要点展示】

如果投诉时客户大吵大闹，相关人员可以通过 3 种方法，缓和客户的情绪，如图15-5 所示。等客户的情绪缓和下来之后，可以与其好好沟通，帮助客户解决实际问题，让客户获得满意的服务。

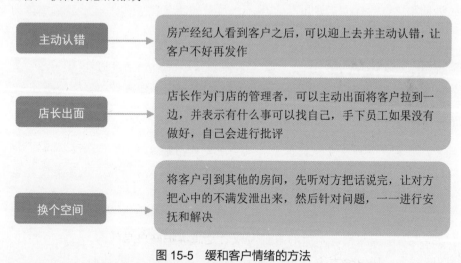

主动认错	房产经纪人看到客户之后，可以迎上去并主动认错，让客户不好再发作
店长出面	店长作为门店的管理者，可以主动出面将客户拉到一边，并表示有什么事可以找自己，手下员工如果没有做好，自己会进行批评
换个空间	将客户引到其他的房间，先听对方把话说完，让对方把心中的不满发泄出来，然后针对问题，一一进行安抚和解决

图 15-5　缓和客户情绪的方法

技巧 166　入住：客户投诉房屋出现了问题

【现实案例】

某个二手房交易完成之后，房产经纪人小王以为完事大吉了。谁知道，购房者入住之后发现房屋出现了一些问题，并对卖房者进行了投诉。了解到情况之后，小王不知道该如何处理。

【要点展示】

虽然是购房者进行的投诉，但这并不代表着必须由卖房者承担责任。所以，房产经纪人在解决这类投诉时，还得根据问题是谁导致，以及交易合同的相关条款，先划分责任，然后再给出解决方案，具体如下。

❶ 双方都有责任

如果问题是由买卖双方共同导致的，房产经纪人可以组织买卖双方坐下来商讨每个问题由谁负责解决、如何解决。

❷ 责任在卖房者

如果问题是由卖房者导致的，房产经纪人要及时联系卖房者，让其实地进行查看，并协商解决方案。通常来说，卖房者可以选择自行解决问题，或者通过给出一些赔偿来弥补购房者的损失。

❸ 责任在购房者

如果是购房者入住之后，因为使用不当导致出现了问题，那么需要购房者自己负责修复，房产经纪人只能给一些修复意见。

技巧 167　乌龙：客户投诉的问题并不存在

【现实案例】

某天，小吴被告知有客户投诉了自己。听到这个消息之后，小吴第一时间便去了解情况。可是，让他没想到的是，客户投诉的问题根本就不存在。如果你是小吴，你会如何处理这个投诉呢？

【要点展示】

有时候，客户投诉的问题根本就不存在，但是有的客户却有些无理取闹，抓着事情一直不放。在与这类客户沟通时，房产经纪人可以使用以下策略处理投诉。

❶ 对投诉问题进行说明

有时候，客户对于相关事项不太了解，所以把事情放得太大了，最后选择了投诉。对此，房产经纪人可以对投诉的问题进行说明，让客户明白其实没什么大事。这样一来，客户明白是自己多想了，自然也愿意配合将投诉撤销掉。

❷ 给客户一些"好处"

有的客户可能会不依不饶，觉得自己吃亏了，一定要房产经纪人给一个说法。对于这样的客户，房产经纪人可以给他一些"好处"，如赠送一些小礼品。客户在得到好处之后，会觉得自己的要求得到了满足，于是也就不再抓着不放了。

技巧 168　挽回：避免因投诉造成客户流失

【现实案例】

小周发现，很多投诉的客户对于房产经纪人都会有偏见，即便解决了投诉的问题，客户也不会再找同一个房产经纪人买卖二手房了。明白这一点之后，小周想挽回那些因投诉而流失的客户，但是却没有什么好办法。如果小周向你请教，你会给他哪些建议呢？

【要点展示】

投诉房产经纪人的客户中，有很大一部分可能都会流失掉。对此，房产经纪人可以主动联系客户，并从以下两个方面进行挽回，提高其忠诚度。

❶ 了解客户流失的原因

当意识到客户流失时，房产经纪人要及时与客户联系，通过沟通找出问题出在哪里，只有这样才能又好、又快地解决问题，更好地挽回流失的客户。

❷ 寻找挽回客户的策略

根据客户流失的原因寻找对策，想办法获得客户的信任，挽回流失的客户。例如，当客户觉得你的态度不够好时，房产经纪人在之后与客户沟通时要端正自己的态度，让客户享受到更满意的服务。

总结起来就是：跟问题要答案，哪里出了问题，就从哪里开始解决问题，把出现的问题一一解决好。客户对我们的满意度是一分一分积累起来的，同理，对我们的失望也是一分一分扣掉的，我们唯有通过实际的行动，将在客户心中失去的分数一分一分地补回来，才是正道，正所谓"最好的套路就是真诚"。